黄永玉传

黄永玉——绘　刘一友——著

活得有趣，才不会老去

U0105253

湖南人民出版社　　湖南美术出版社

图书在版编目（CIP）数据

活得有趣，才不会老去：黄永玉传 / 刘一友著. —长沙：湖南人民
出版社，2020.7（2022.10）
ISBN 978-7-5561-2450-3

I. ①活… Ⅱ. ①刘… Ⅲ. ①黄永玉—传记 Ⅳ. ①K825.72

中国版本图书馆CIP数据核字（2020）第034394号

HUO DE YOUQU CAI BUHUI LAOQU HUANG YONGYU ZHUAN

活得有趣，才不会老去——黄永玉传

著　　者　刘一友
出版统筹　张宇霖
监　　制　陈　实
产品经理　姚忠林
责任编辑　李思远　田　野
责任校对　夏文欢
装帧设计　水玉银文化　｜　谢俊平

出版发行　湖南人民出版社有限责任公司〔http://www.hnppp.com〕
地　　址　长沙市营盘东路3号
电　　话　0731-82683357

印　　刷　湖南天闻新华印务有限公司
版　　次　2020年7月第1版
　　　　　2022年10月第5次印刷
开　　本　880mm×1230mm　1/32
印　　张　10.25
字　　数　200千字
书　　号　ISBN 978-7-5561-2450-3
定　　价　49.80元

营销电话：0731-82221529　　（如发现印装质量问题请与出版社调换）

黄永玉（摄于 20 世纪 20 年代末）

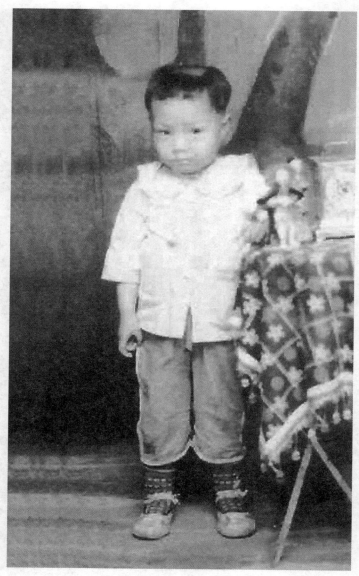

刘一友（摄于20世纪30年代末）

回忆　赠一友弟（代序）

黄永玉

像一片黏在书上的胶纸，

一揭，

那边是我的儿时，

这边是我的今天。

那么牢牢地紧贴，

那么轻松地分开。

刹那间过了八十年，

剩下斑剥遗痕，

我的珍宝，

别人的漠然。

目录

为人：一方水土养一方土匪

一个街坊人眼中的黄永玉　　　　　　　　　　　003

那时，他和凤凰都正年轻　　　　　　　　　　　033

凤凰，我所生长的地方　　　　　　　　　　　　061

为艺：世界有了我，变得好玩了一点

回乡，为了快乐，也为了捡本事　　　　　　　　075

大师是个大老师　　　　　　　　　　　　　　　103

带个"保镖"去接画——《湘荷白鹭图》是怎样出炉的？　131

为文：美与善构筑起来的精彩细节

"为了太阳，我才来到这个世界。"——黄永玉的人文情怀　151

文抒真情，画为心声——大话《永玉三记》　　　161

一个九十岁人的运气——不受羁绊的《无愁河》　193

智慧的水——永玉的创作之源　　　　　　　　　227

附录一　黄永玉先生给刘一友的信　　　　　　256

附录二　来的是谁?　　　　　　　　　　　　260

附录三　孤寂中的思亲奏鸣　　　　　　　　　278

附录四　黄永玉行旅　　　　　　　　　　　　304

后　记　　　　　　　　　　　　　　　　　319

为人：
一方水土养一方土匪

一个街坊人眼中的黄永玉★

在当今中国，黄永玉先生是一位个性鲜明，才华横溢，令人眼花缭乱的艺术奇才。

值得高兴的是，我与这位艺术奇才不仅同是湖南凤凰县人，而且还同是该县小石城北门内文星街人。这条街长不足百米，十分寂静。说起来也真光荣，清末的"湖南神童"，民国初年当过一阵子国务总理，后来又创办过北京香山慈幼院的熊希龄先生也出生于这条小街，这位总理家的三间低矮的小小木屋如今还原封不动地保留着。永玉的母亲曾是我们幼稚园的老师，这幼稚园和永玉的家紧紧相邻，我们上学都得从他家门前经过。永玉十四岁外出谋生之前，曾担任过一届文星街小孩们的领导人，据说还很卓越。当地小孩称呼自己这类领导人为"大王"，"大王"

★此文原名《一个街坊人眼中的黄永玉——画册〈黄永玉八十〉序言》。

的主要任务是领导本街小孩与别街小孩打架骂娘，从中学习勇敢，不怕场合。永玉充当"大王"时我还小，远不够格跟着他"冲锋陷阵"。后来他家老五永前充当"大王"时，我才零星跟过，战绩平平。

也许因为与永玉是同街坊人，加上他又是我的老师的小孩，多了份亲切，因此他的艺术创作总会吸引我的注意。近二十年来，他返乡频繁，我也常去北京，与他接触的机会颇多，每次见面，总很快乐，以至我产生了试写他这个"人"的兴趣。我既想写他成为"人物"时的"那点生活""那点琐碎"，更想探求他取得如此这般成功的"必然根由"。在这篇文章里，我将侧重于从永玉独特禀赋与故乡的关系入手，试着破译他成为奇才的根由，当然，这不会是唯一的，但我相信，它是一种不容忽略的、深层次的"必然根由"。

凤凰是大湘西的"首都"

凤凰这座小小的石城，坐落于湘黔边境的万山丛中，如今许多人只知道它是一处旅游胜地，对于这小小石城的过去却知之甚少。其实，清末前后的二百余年间，这里曾是湖南省一个军政特区的首府。它管得宽，今天湘西自治州和怀化地区的全部，邵阳地区的绥宁、城步等共二十余县都属它的辖区。它权力大，这里行政单位名目是个全国不多的"兵备道"，军事上设镇，驻有总兵。它级别高，指的是这里的军政首长常常是个具有"副省级"头衔的角色。我以为，对凤凰这一军政特区的"首府"，要视之为大湘西的"首都"，才会有助于我们的想象更合乎当年的实际。

这座大湘西的"首都"还是个出人才的地方。在它充当"首都"的二百余年间，真正应验了"十年树木，百年树人"这句古谚，直至后百余年才开始大批量地产生人才。武的和文的都有。武的方面，自从田兴恕、刘士奇、张文德、沈毛狗（沈从文祖父沈宏富）等一批农民以镇压"长毛反贼"有功而当上将军后，凤凰出的将军达百余名之多，平均大约每年一个。其中包括了陈渠珍这样的优秀军人。究其原因，本地系军事重镇，又长期推行"屯田养勇"制度，当兵的人多，追求军功的人多，自然当将军的人也会多起来。至于凤凰出文人的情况，它略迟于出武人。不过自光绪末和民国初年出了个熊希龄后，这知名文人的人物链也不曾断过，一个个接踵而来，如田星六、田个石、沈从文，还有当今的永玉都属这人物链上闪亮的一环。

凤凰出文人，这里主要指出艺术家。究其原因，与当地雄奇秀美的山川有关；与清末民初时，当地教育并不落后于省内其他地区有关。试想，二十世纪二十年代这地方就办过美术专科学校了，那时全国这样的学校只有几所。不过，更重要的一个原因，则与当地十分特异的地域文化有关，与这文化对一个人的气质影响有关。

我认为，对于一个艺术家的诞生来说，学校教育所传授的知识十分重要，绝对重要，但比起自己青少年时代所处特定文化环境为之孕育起来的特定艺术气质来说，这气质就更为重要，不少情况下，它对于艺术家的成功起着决定性的导向作用，或曰定调作用。

试想沈从文，二十一二岁跑到北京去，想靠写作谋生和实现自己的理想。他学历低，平日说自己小学毕业，据永玉所知，仅小学四年级肄业生而已。当时他自学所读的书不多，连标点符号的使用也不很了解，但初期从事写作时的短诗与散文，竟然引起林宰平、徐志摩、郁达夫等人的高度赞赏，靠的是什么？我看靠的就是湘西，特别是凤凰文化所赋予他的一份艺术上的灵气。在凤凰，还有一批人，他们自己虽不写不画，但鉴赏力却颇不一般，这显然也与当地文化熏染有关。

不过，这里我的任务不是谈论沈从文，也不是谈论家乡老老小小一批极富艺术灵气的业余创作者和鉴赏者。我的目标在于想利用自己作为一个凤凰人的方便处，具体地探索一下永玉的一份独特的艺术气质和作品风格与凤凰地方文化有何深层的渊源关系，并想由此得出对他的作品进行总体文化定位的某些启示。

为了达到上述目标，首先要弄清的是永玉少年时代在凤凰受熏染的地方文化主要是一种什么样的文化。

一言以蔽之，永玉少年时代受熏染的地方文化，是两千余年前曾在中国南部大放异彩的楚文化。更准确地说，是古楚文化中巫风特盛的民间一支，它的种种特异处、灿烂处，主要在其宗教、风俗及民间艺术等方面在现当代亦得到充分体现。

关于古代的楚文化，这里主要谈它的艺术，其基本特征，当代人是从现有的文献和文物两方面入手进行了解的。千万不可认为楚文化中艺术这一部分是什么原始的、拙朴的，甚至是粗糙的东西。那神秘、华美、热烈，充满浪漫激情的《九歌》，就是沅湘一带楚人宗教的、民俗的、艺术的多种文化的鲜明反映。而近世出土的楚文物，如帛画、织锦、刺绣、漆器、铜器等图像、纹饰、色彩、造型乃至音律也是美不胜收。人们正是从这些文献和文物两方面，综合地探讨了楚文化艺术的基本特征，理解到古楚文化是建立在"万物有灵"这一泛神论基础上的文化。因而楚人对万物总怀有一种崇敬心理和泛爱倾向，加上楚人社会特点的一些影响，反映到艺术领域里时，则表现为楚人特别重生命的庄严，重个性的自由，重情感的张扬，重时空的流变，重形式的精彩绝艳，重创作上的标新立异，同时，也格外重视对华夏，对蛮夷艺术经验的放肆吐纳，为己所用。这也便是人们平日公认的、尊崇的楚艺术精神。

许多年来，不少人包括一些学者，都以为神秘而灿烂的古楚文化随着楚国的灭亡而融入中原，不再以独立形态存在了。他们没有注意到在偏远的沅水流域，因种种历史的、地理的原因，楚文化民间一支在楚亡后两千余年间，还曾以活生生的形态存在于沅水中上游水系城乡间这样的事实。更没注意到，在凤凰充当大湘西的"首都"的两百余年中，随着沅水中上游水系城乡人群的涌入，曾将这楚文化大量带入，使之奇迹般地得到一次整合和张扬这一事实。关于沅水流域水系城乡及凤凰文化的楚文化性质，在近代，最早对其确认的是沈从文，他多次指出了自己目击的沅水城乡和凤凰的文化事象，与《九歌》等古楚文化事象"古今相同"之处。我也曾就这问题写过专论，这里限于篇幅从略。

唯一值得再次指明的是，在凤凰，这楚文化艺术的种种事象都是活生生的现实。它不是什么文献上的语言描述，不是什么拍摄清晰的图片展览，不是博物馆防盗玻璃柜里陈列的那些精美绝伦但却不免零散的文物。在凤凰，它反映在神秘而热烈的巫事祭仪之中，反映在古老而充满人情味的傩戏之中，反映在五光十色、万人迷狂的年节之中，也反映在石城区数十座寺庙建筑及寺庙种种雕塑和彩绘上。同时还有几乎引诱了石城区所有小孩逃学的那条南门城外的边街，那里有铜、锡、木、竹等工艺品生产作坊，有百看不厌的华美工艺品及其制作过程。

再还有为数不多，但产品精细无比的银匠铺，造型奇特、色彩艳丽的纸扎人物铺可供小孩流连。至于家家户户窗格和家具上雕刻的花鸟人物，就更是举目可见了。在这里，楚文化艺术林林总总，以一种全方位的氛围作用于当地人，特别是小孩，细雨润物般地影响着他们的人生观念、审美意识和审美趣味，也即影响着他们特定艺术气质的形成。在文化学上，这种影响人情感气质形成的文化艺术，被称为"有情文化"，这与学校老师或工匠师傅传授的、作为谋生手段的"有用文化"比较，更令人终身不忘。

总之，在近代，沅水流域遗存的楚文化艺术在凤凰得到了最后一次整合和张扬。这是中国文化史上的一个奇迹，也是老一辈凤凰人的一大幸运。当然，更是作为艺术家永玉的一大幸运！

凤凰城区的楚文化艺术对永玉的影响，主要表现在以下两方面，一是强烈的重情爱美倾向，二是吐纳百家、为我所用的气概。

重情，表现为重情意，重情致，重情趣等。这是楚人重生命、重个性、重自由的一种必然的外在表现。反映到艺术创作上，则表现为重抒情，重所谓"发奋以抒情"这样一种南方楚艺术的基本倾向。这与当时北方艺术之重载道，重所谓"诗言志""志于道""发乎情，止乎礼"的倾向大异其趣。前者浪漫主义气息浓重，后者则显得更近乎现实主义。

永玉重情，他几乎是不自觉地为一种泛神观念所支配，因而对一切有生命活力，有生命个性和情趣的事物，都持有一种万般惊讶、亲切和关爱的情感。他爱狗爱猫，爱花爱树，爱山爱水，爱风爱雨，爱太阳爱月亮，当然更爱亲人、朋友、小孩、老人及古今一切善良而有趣的人物。在这样一种泛爱情感影响下，他对个性生命的异化或遭毁灭，自然也会产生一种深切的悲悯和对恶势力的极端愤恨。当永玉进行艺术创作时，这样一种宽泛而强烈的情感倾向，无疑便会构成他的一种审美视角。在这样的视角下，池塘春草、柳间黄莺、春兰秋菊、冬梅夏荷、阿狗阿猫，自然无不生机盎然，意趣纵横。至于人情世态，更因这重情视角而易于产生"移情"体察，最终也在作品中表现出强烈的欢乐或痛苦。

爱美。楚人可能是中国历史上最重色彩，讲漂亮的一个族群了。生命现象，千姿百态，色彩缤纷，神奇莫名，这让具有泛神思想的楚人万般惊喜和崇敬。但美感得依托"物化"而传世，于是产生各类艺术为之"传神"。楚人对美的倾心，反映到艺术创作上，则表现为对形式美诸因素及其体系功能把握的格外讲究上，也表现在对形式技巧多方吸取和不断创新的超常热情上。还值得注意的是，楚人对形式美的追求，常常与其超凡的浪漫主义想象结合在一起，因而，使其形态常具有更多的奇幻特征。

爱美，永玉这个楚人后裔在这方面与其先辈们比较，其热忱也是耀人眼目，甚至是有过之而无不及的。

在文学创作方面，永玉讲究语言的雅俗并陈、活泼机敏。在叙述过程中，他总是任情感自由起伏，并用这行云流水般的情感去组合生活事象。正因此，人们读他的散文时，才会时时为一份浓厚的情意、情致，或情趣所牵引，自自然然地读下去，如听一首抒情乐曲一般。这种风格，可说正是楚辞传统。永玉的《太阳下的风景》《蜜泪》《江上》等，是这种用起伏的情感组合事象的代表之作。这与某些散文家一提笔就为读者先设定一个"主题思想"的框架，再编制形象性的逻辑引君入瓮的做法，大为不同。后者显然属于一种因过分追求"载道"目标而引发的病态表现。

在绘画艺术方面，永玉在对形式美的追求上，表现出以下一系列的特征：他高度重视图像的繁富奇诡，当然也不乏寥寥数笔以简驭繁的作品，不过其作品中楚风最浓，分量最重的大画，构图大都繁富奇诡，令人目不暇接。又，他高度重视线条的圆活飞动，如疾云，如流水，如火焰，不仅求其富于质感，更追求其富于情感，显示出一种蓬蓬勃勃的生命活力。再，他高度重视色彩的芳菲缤纷，华美响亮，而无意于"素以为绚"的刻意追求。他还特别讲究对画面中纵深运动关系的处理，以求营造出一种令人难以言传的空间美感。永玉这种表现在绘画上的追求，显然是楚风楚式的。而永玉这种审美取向和审美趣味的养成则无疑与凤凰石城区文化艺术环境密切相关。可以说，永玉的艺术精神和艺术趣味是直接植根于家乡楚文化艺术沃土之中的，他直接继承了楚文化艺术神秘奇诡、明亮灿烂、充满生命活力的传统，使其在自己笔下得到复活，得到淋漓尽致的表现。其《山鬼》可视为这方面的杰出典型。

　　较长时间以来，有的人因看不出永玉作画与宋元明清的文人画派有什么瓜葛，便以为永玉国画缺少了中国传统根底。加上他又不是中国或外国哪个美术学院毕业的，因而也无缘拜在哪个著名大师门下成为模仿者。于是，一些人轻率地视永玉为"野狐禅"一类。这些人对中国美术源远流长的历史似乎太不在意，对历史上曾在南中国大放异彩、灿烂非凡的楚文化艺术也似乎注意不够，当然，更难于有机会发现在永玉故乡，楚文化艺术还是活生生的这一奇异现象了。永玉的绘画艺术，直接植根于家乡楚文化艺术沃土之中，这根底是何等的厚实！永玉可说是就读于家乡这所没有校牌、没有专职教师的楚文化艺术学院的高才生，这经历是何等的令人羡慕！这较之某些只局限于"仿八大"之类便以为有了根底的人来，永玉可谓得天独厚矣！

　　近期，我有机会较多地看到永玉作画，我发现他将音乐创作上的一些方法引入绘画，同时，也将绘画过程变成了一种音乐活动，这是永玉进入"随心所欲不逾矩"境界的一大标志，也是他作为艺术大师的一大特点。

永玉说："我常常专注交响乐中一两层的背景音乐，试着为国画中背景寻找出路。"又说："中国人懂得中国的打击乐，强弱、快慢、疏密、长短……其实加上颜色，就是现代美术。"这些话，显出永玉一种高超的悟性和一种广泛的"通感"能力。关于他将音乐的启示引入绘画，我们可从他对画面处理的多种用心上直接感受到，无论是"大胆落墨"处，还是"小心收拾"处，都能发现他借用了一些作曲的技巧，在总体布局、线条流转、色彩铺陈及某些必要的点染上，他都十分讲究。他熟练地处理着画面基本调子的反复和变化，节奏的强弱和快慢，以及种种呼应在变化中的巧妙平衡，让人从画面上获得一种近乎自然天成的音乐享受。

再从永玉作画的过程来看，特别是看他画五六米长的大画，此时此刻，他俨如音乐指挥，让线条、色彩在自己意志下，自由自在地流转和铺陈。又可视为他自己在演奏一首乐曲，忽高忽低，忽强忽弱，忽快忽慢，忽断忽续，最后凝结为五彩缤纷，生趣盎然的画面。在这一过程中，他专注非常，近乎郢匠运斤、庖丁解牛，十分过瘾。看他作画，不要多嘴，眼睛追逐着那布线敷色的过程，便会如听音乐一般妙不可言。

关于永玉受楚艺术精神影响而格外"重情爱美"这个方面，是我这篇文章的重点所在，所以讲得多些，以下，谈永玉在楚文化艺术精神影响下吐纳百家的情况时，便会简要一些了。

吐纳百家，指的是楚人学习别人艺术优长时的一种不拘一格的开放态度。当年，他们学习别人，不论华夏，不论蛮夷，广为吸取，为发展自己艺术所用。永玉也是如此一种气概，他以家乡给予他的一份深厚的楚文化艺术禀赋为基础，为依托，广泛"杂食"，包括思想观念方面的，更包括艺术技巧方面的。

永玉吐纳百家，在艺术技巧方面的表现十分惹眼。他说："一个画家要有许多技巧，要视野开阔。"又说："我画画绝不停留在原地不动，不像一些外国画家，总爱把自己固定在一个风格上。我也不泥古，仿什么'八大'，但我尊重传统技法和理论。""有人说要固定自己的风格，我从来不固定自己什么风格，什么都试试，都吸取。"还说过："我永远不停地在探索和产生新的形式。在原地停留，我忍不住，也许只有我们湘西人、凤凰人才可以有这种劲头！"这些话都很实在，他可说是欢欣鼓舞、手忙脚乱地在古今中外各个相关领域里乱捞，捞来就试。看得出他连西方点彩派画法、凡·高观念的画法都试过，从不见他食古不化。也不见他食洋不化。他声称："我大量吸取西方思想和技法，加以熔铸，最后变成我们楚人的、凤凰人的！"不止于此，他最后还要"让每一笔都姓黄"！

永玉这气概，可说是响当当的了，如此这般带着几分野气和霸气的吐纳作风，恐怕也只有楚人、凤凰人才会具备！

永玉今年八十岁了，还在兴致勃勃地创新，显然他无意跻身或自创什么"门派"，他只想创造美，让"观众快乐，画家快乐"。去年见他荷花画法变了，最近又见他画松有了新招，他说："艺术家不要倚老卖老，再老，也得有些新进步。"信然。

顺带说一下，有人问及，永玉绘画，成绩斐然，为何还要不忘情于木刻、雕塑、诗歌、散文、长篇小说，甚至工艺美术设计，以致让人产生"抢我们饭碗来了"的担心。这现象之所以产生，我想首先还在于他有着太多的人生经历、太多的情感积淀和审美感受，快把肚子撑破了，得充分表达，而木刻、雕塑、诗歌、散文等形式各有所长，内容各有所宜，于是产生了依托多种艺术形式的"必要"。但"必要"不等于"可能"。这"可能"的实现，关键有赖于永玉对多门艺术相通处的感悟能力，有赖于永玉对每一门艺术技巧要领的把握能力，同时还得有超凡的精力和勤奋，才能出类拔萃，否则就只属打滥仗了。不过，永玉如此多处涉足，从深处看，还是与楚人吐纳百家、好越界扩张的性情相关。无独有偶，沈从文不是在还没有离开文学创作时就开始了古代漆器、瓷器研究了吗？！

若干年来，常见一些美术期刊或报纸上有人著文，大谈什么岭南画派、江浙画派，什么东北画家群、西北画家群，证明许多人都注意到艺术家特定风格之形成与地域文化的关系了。唯独说及永玉，常只涉及他的幽默，甚至连其幽默的深沉处也不曾充分注意到，也有涉及他文章和绘画的，只觉得好得出奇，却常疏于考察其艺术禀赋的特征和渊源，于是只能称其为"天才""鬼才"。

总之，永玉有幸直接从凤凰活生生的楚文化艺术中获取一份重情爱美的气质，吐纳百家的气概，从而为他的创作，特别是为他的绘画带来了气势非凡、活力充沛、情趣纵横、浪漫奇诡、精彩绝艳等一系列楚风楚式的特征。同时，又因他长期置身于进步的文化事业之中，走南闯北，广泛吸纳，也为他绘画注入了鲜明的现代意识和现代技法。以上种种，共同形成了永玉其文，特别是其画在总体风格上大异于当代同行们的深层根源。从美术史的角度看，永玉这风格独具的大量绘画，应属于灿烂的楚艺术的现代伸延和现代版本。而其本人，也因之成为一位楚艺术精神在当代的继承者和张扬者。像永玉这样有幸与楚文化艺术精神直接接轨的杰出艺术家，目前在中国还有哪些，尚有待发现和研究。我想，仅面对一个黄永玉，敏感的中国当代美术史家们也是应当有话可说的。

凤凰性格：只是不求饶

与永玉交往，所得印象，最突出的是他的雄强尚义和幽默通达。这既是他鲜明的性格，也是帮助他事业取得成功的重要因素。

雄强尚义,是凤凰人的普遍性格,这与凤凰古城人大都是楚人后裔有关,更与当地数百年间都是大湘西一座军事重镇有关。沈从文曾将这种性格直呼为"楚人性格"。又因见其锄强扶弱、知恩必报、重承诺、轻生死、不矜其能、羞伐其德的种种表现,与《史记》中一些闾巷之侠、布衣之侠的作风近似,呼之为"游侠精神"。这主要看重在那个"侠"字,而不在于那个"游"字。凤凰这地方的男女并非满城武侠小说中那类整天东游西荡,找岔子打群架的男女,凤凰男子大都是战士,社会要求他们具有楚辞《国殇》中所提及的"诚既勇兮又以武,终刚强兮不可凌"的勇士性格。

永玉的雄强,除受家乡传统影响外,也与他独特经历有关。童年时代漂滩钻洞,打架逃学,待到外出谋生,颠沛流离,艰辛备尝,再之后,则长期在政治运动狂涛中过日子,种种折腾,养就了他不畏艰险,遇事沉稳,宠辱不惊的气概。他说过:"我们凤凰人,面临大事时反而安静下来了!"他不见风使舵,唯唯诺诺,惹翻了,拍案而起,"不为瓦全"。

永玉不像他的祖辈那样结成团伙,去打英国鬼子,打日本鬼子。他从事艺术,孤身一人,去打谁呢?打击小人,又常常下不了手。爱打猎,也不曾遇过老虎豹子。因此,他的雄强,在主动进攻敌人方面乏善可陈。倒是遭人打击,被动抵抗的机会甚多。曾经有那么二十余年，属于知识分子经常挨打受骂，饱受欺凌的时期，也就在这种场合里，永玉的雄强有了充分表现的机会。

一次，受"四人帮"鼓动起来的外来的造反学生，到中央美院来看大字报之后，决心要通过触及永玉的皮肉来触及永玉的灵魂，当众对他进行一番羞辱，用皮鞭噼里啪啦抽打他。永玉任他们打，就是不叫喊，不求饶，不挣扎，不倒下，背上的血把衣都浸透了，他仍然顽强地站着，默默记着鞭子落下的次数，二百二十四下！回忆这事的人说，这真是一种震慑人心的雄强。那年代，对知识分子来说，活下来真不容易，一些人就活不下来，著名的"人民艺术家"老舍，被拳打脚踢之后，便投北京太平湖自杀了。人们道路以目，永玉偶尔与沈从文在东堂子胡同相遇，谁也不敢停下来说话，怕被人见及检举，惹出是非于对方不利，只是擦肩而过时，沈从文匆匆讲了三个字"要从容"！这就是我们湘西人、凤凰人在危机面前的态度。永玉则把当时十分流行的"一不怕苦，二不怕死"这一口号改为"一不怕苦，二不怕活"，用以激励自己和自己的朋友，千万不可因活比死困难，一时软弱，死了，让别人开心，还可为你加上一条"自绝于人民"或"畏罪自杀"的罪名。只能是"不怕活"，活下来等待"第二次解放"。"四人帮"倒台后，一次永玉同廖承志一起吃饭，廖问："说说，你怎么跟'四人帮'进行斗争的？"永玉答："没有，我只是没有求饶。"

至于在专业进取方面，永玉的雄强则表现为无论从事哪个门类工作，不做则罢，做就要争个第一流。且不说绘画，就说写诗，他第一本诗集在某年就获了个一等奖，之所以又来写长篇小说，我看其动机也许只是对小说质量有不同看法。当然，其雄强性格对他从艺的影响，更重要的是让他顽强地坚持了"独立之精神，自由之思想"。在从艺路子的选择上，他不听别人的吆喝，不扛艺术教条主义的顺风旗，也不在意艺术界同行出于狭隘门派观念对他的嘲讽和排挤，他走自己的路，而取得了独具一格的成功。

雄强作为一种良好性格需要培养，养成它，是一种目的，但毕竟不是最终目的，雄强要以义为引导、为归宿，才算走上了正轨。

永玉尚义，不过这义的内涵太宽泛了，根本一点，义至少是"利他"的。前面提及的凤凰人锄强扶弱、知恩必报、不矜其能、羞伐其德应当都属一种古典义行的表现。

在朋友间，义有着广阔的展现空间。有人问永玉，这辈子有何特别的感想。他回答"遇见了许多好人"，"也错过了许多老人，因为动乱，自顾不暇"。他因对曾帮助过自己的长辈和朋友不能一一报答而深感不安。几年前，他得到六段从原始森林中弄来的巨大楠木，如此珍贵材料，用作什么好？最后决定在上面刻《诗经·大雅·生民》中一小节诗，写的是后稷的传说，后稷生下来后，被抛掷于陋巷荒郊，多灾多难，幸得牛羊飞鸟和伐木者喂养庇护而得以成长。永玉用这比照自己幸得师友诸多关爱而有今天，他要以此方式对他们表示深切的感念。这六段巨木，现如屏风般并列于北京万荷堂的正中。

至于仗义的事，可说的就太多了。且说近期一件，1969年，中山大学八十岁的国学大师陈寅恪，"文革"中不堪数年的欺凌折腾，心力衰竭去世，骨灰一直寄存在广州火葬场，三十余年过去，仍未能归葬故里江西。两年前，永玉得知此事，愤然为之呼吁奔走，还拉了过去在江西做过领导的一位朋友参与，不久前总算有了结果，陈终于归葬庐山。陈寅恪的女儿见永玉如此热心，还以为永玉曾是自己父亲的学生。其实，要说有什么关系，其一是陈寅恪的祖父陈宝箴光绪初年在凤凰任过辰沅永靖兵备道的道尹，后来又当了湖南省的巡抚，推行过新政。其二我想永玉对陈寅恪提出的一个学人应有"独立之精神，自由之思想"的主张大约深表崇敬。如此而已。

最近永玉几次谈及故乡长辈对"贱货"嗤之以鼻的事，认定也是对孩子的一种教育，给了孩子一把十分牢固的道德尺度，做人一定不能做"贱货"。何谓"贱货"？我想无非也就是凤凰人常说的"不值价"，没分量的人。它的对应面当然就是雄强尚义了，试想"威武不能屈，贫贱不能移，富贵不能淫"，何"贱"之有！

雄强尚义确是好事了，不过，它也有两重性。雄强尚义的人坦坦荡荡，见不顺眼的事就要直说，一直说且要说完，无所遮掩，这就不免落得个"脾气丑"的坏名声。永玉的干爹朱早观将军，当年在延安被组织上分配到彭德怀的司令部去工作，彭德怀自己脾气够"丑"了，还嫌他"脾气丑"，不要。幸得王震在湘西待过，知道湘西人脾气"丑"是一种直率，其深处是一种忠诚，因此把他收留到三五九旅当了参谋长。永玉又一位同乡熟人刘祖春，曾任过中共中央宣传部副部长，北京市委副书记，其夫人在家指责他："你脾气太丑了，如不是早年去了延安，你这样，如今连科长也当不上，还当什么部长！"

　　永玉不是也常被人在背后说"脾气丑"吗？这"脾气丑"一旦落了个"抗上"或"抗革命造反派"的罪名，其危险也就可想而知。

　　更何况，雄强尚义，坦荡直率，如遇上阴柔小人，他可以很容易摸清你的底细，而你以己量人，认为别人再坏也不会那么坏，岂料他恰恰比你想的更坏，这种情况下，你就得受到他稳、准、狠的打击了。这方面，永玉吃过许多次亏，只因禀性难移而屡教难改。东汉一则民谚有云："直如弦，死道边；曲如钩，反封侯。"湘西人，特别是凤凰人值得警惕！

　　如果说，雄强尚义是永玉的鲜明性格，那么，幽默通达就不仅也是他的鲜明性格，而且还是他格外引人喜爱、独具魅力的因素了。

永玉幽默通达的性格由来，也与家乡群体性格相关。凤凰男子，曾长期将人生目标对准当勇士、当将军，追求生为人杰，死为鬼雄，对生死看得透，不怕鬼，也不怕自己当鬼，认定一切成败均归于"尽人力而听天命"。因而开朗、快活，多数时候还是穷快活。闲来无事，爱开玩笑，凤凰土话称这现象为"捏雀"，书面语则可用"幽默"与之对应。凤凰人极善于捕捉自己亲朋好友、长官幕僚、同学老师们的笑料，包括其人性弱点、思维错位、举止脱轨、机缘古怪诸多反常事象，稍作夸张放大，或正话反说，或反话正说，引人顿悟而爆发笑声。当地人雄强，开起玩笑来肆无忌惮，流于辛辣，不过，嘲笑中有时也含有某种悲悯，耐人寻味。聪明的凤凰人还会将一些好的笑话提炼成歇后语，这歇后语也就成了这则笑话最简洁和最敏感的符号。另外，当地人的幽默才能还渗入古老的傩戏，其间人物，大都名义上是神，可一出场，便互相以揭露对方种种世俗化的笑料为乐，嘲人也自嘲，娱神也娱人，妙语连珠，堪称"捏雀"经典。这种种，也无疑使当地小孩，包括少年永玉，因耳濡目染，大大提高了自己机俏幽默的能力。

不过，对于永玉的"捏雀"或曰"幽默"，我们还当刮目相看。他十几岁离开凤凰后，满世界乱跑，见多识广，凭着家乡给予的一份"捏雀"性格作基础，对古今中外的幽默种种，自然极易领会吸取，土洋结合的结果无疑大大强化了他捕捉笑料的兴趣，拓展了他发掘笑料的路数，也提高了他表达笑料的能力。更不容忽视的是，他显然还有了一套自己的幽默理论。在一篇《笑话散论》中，他说到讲笑话要十分讲究"语言巧妙的间架和节奏"。另外，还听到过他对幽默所做的有哲学意味的概括，说"正常状态失去平衡便成了幽默"。永玉可说是一位幽默专家了，青出于蓝而胜于蓝，幽默方面，他比家乡许多人强多了。

有人见永玉的笑话和故事层出不穷，令人绝倒，不免犯疑，这么多有趣的事哪会让他一个人遇上了？一定是他自己编造的。其实生活中可笑的，不可笑的，可笑中可哭的，可哭中可笑的事多的是，关键在于你自己有没有捕捉它的眼力，能不能看出它的种种妙处。换句通俗的话说，就是看你能不能与之"通电"。生活中许多妙趣横生的事，属于自然天成，人们是无法编造的。

关于幽默的用途，让朋友开心这点自不待言，永玉还说到"一个人要有幽默感才能自省"，又说"官僚主义才最怕幽默"。其实，小人和坏蛋更怕幽默，永玉不说而已。

若干年来，我们生活严酷的时候太多，一本正经的时候太多，永玉用一种雄强的、充满智慧的幽默面对生活，面对朋友，面对传媒，让人备感新鲜而快乐。

"文革"中，永玉住房被人霸占，全家挤住一小室，虽有窗，却为邻墙所堵，度日如夜。永玉乃挥动彩笔，画一当时尚属时髦的大钢架玻璃窗，窗外繁花似锦，春光明媚。画悬墙上，暗室生辉。对这事，后来有人解释得颇为抒情，说永玉早在"四人帮"搅得全国一片黑暗时，便用这画"预示春日不远"了。我理解则比较简单，认为这是一种凤凰式的雄强和幽默在作怪，示意老子就是能"画饼充饥"，穷快活，你奈我何！

永玉的幽默，自然也进入了他的创作，构成了他作品备受读者喜爱的一大惹眼特色。《永玉三记》《大话水浒》《吴世茫论坛》等表现得较为集中，而散见于他部分画跋、诗歌、散文、小说中的幽默，也同样显示着他洞察世相的机敏和表达上的刁钻古怪，"捏雀"非常，引人会心微笑，拍案叫绝。

以《永玉三记》中的《罐斋杂记》为例，其中一组"动物短句"，用近于寓言的手法，借用不同动物的不同视角说话，将"四人帮"时代前一些年月种种阴暗卑劣的人情世相，作了无情的嘲弄和鞭挞。句子短得不能再短，意味却浓得不能再浓。如羊的自白："我勤于检点，以免碰坏人的大衣里子。"这极精细地刻画了被深度驯化和奴化了的人忠于主子的心态。至于老鼠自白："我丑，但我妈喜欢。"毒蛇自白："据说道路是曲折的，所以我有一副柔软的身体。"蜘蛛自白："在我的上层建筑上，有许多疏忽者的躯壳。"诸如此类等等，我想凡从"四人帮"统治下过来的人，都会懂得这些短句所指何物何事，它可不是什么一般的逗笑漫画，它包含了许多深沉的痛苦，许多来之不易的智慧。它产生于那样一个万马齐喑、道路以目的时代，更是令人感到难能可贵。目前，对永玉这类作品的研究可说还未起步。

真正是江山易改，禀性难移。若干年来，永玉历经磨难，可一份湘西人、凤凰人讲正义、讲正气的性情不改，遇上不宜讲的常忍不住要讲，不宜骂的也常忍不住要骂，加之一份幽默才气，出口成章，花样翻新，刁钻异常，诸如"我带你们去一个人间天堂，不去的杀头"之类，自然易使得某些自高自大惯了而又十分敏感的人以为是说了自己，哭笑不得，认账不得，更发作不得，如吃闷盆，恨得牙痒痒的。偶尔，所招惹的人和事大了，自己一个小小老百姓，便不免因之沦为"刁民"，又或因年纪偏大，或因属于屡犯不改之徒，被呼为"老刁民"。这一点，永玉自己清楚，弄到这个局面，惹事根由，确与自己湘西人、凤凰人一份雄强和幽默相关，于是自称"湘西老刁民黄永玉""凤凰老刁民黄永玉"，确是一种实事求是的表现。当然，这样自称也包含了提醒自己千万不要忘了故乡，不要忘了故乡教给自己的一份操守。

"错误和挫折教训了我们，使我们变得聪明起来了。"面对伪善、残忍、大权在握的坏人，不宜天真轻信，更犯不着送上门去挨打，甚至引颈就戮。学会从容，学会躲闪，均属智慧的表现。

不过，好在"刁民"或"老刁民"毕竟还属于"民"的范围，永玉一个手艺人，并无拉帮结派，图谋不轨的野心，因此，当科学态度得到推进，好日子多起来时，大家又可讲和，于是我们得以见到，最近悬挂于玉氏山房的一幅巨荷上的题名已自称为"凤凰八十岁老家伙黄永玉"了。

幽默谈过了，最后来谈一下永玉的通达。过去的凤凰人都很大气，常具有一种军人豪气，一种大湘西"首都"人的意识，眼眶子大，自认什么人物没见过，什么场面没经历过！

沈从文和永玉也很大气，很通达。沈从文遇事能忍耐，让时间来做最后的结论。永玉遇到纠缠过自己，伤害过自己的小人则往往宽容了事，因为忙，有更重要的事需要抓紧去做。不过，这不等于他能宽容法西斯、宽容"四人帮"。1957年在知识分子中大划"右派"时，沈从文和永玉可说在劫而逃，究其原因，还在大气。认为写不出、画不出，只能怪自己不行，怎么怪到人家头上去呢？

不过，谈通达，真正的通达必定得有深刻的思想作为基础。永玉的通达，不是什么皈依宗教的结果，不是什么主义灌输的产物，也不是什么经一两位贤达指点所成。他的通达，与家乡赋予他的一份大气相关，与他丰富的生活经历相关，与他多年来接触的师友相关，同时，也与他勤奋读书，涉猎过中外诸多典籍相关。有人得知沈从文是他的表叔，猜想他从思想到艺术受沈的影响一定很大，其实，早年他连见沈从文的机会都极少。二十世纪三十和四十年代，真正对永玉产生广泛启迪的还是五四运动以来，为"民主"和"科学"思潮孕育形成的进步的左翼文化。青年永玉曾置身于一大批为救亡和进步事业而奋斗的左翼文化人之间，相濡以沫，他的信念上、抱负上均出现了新因素，看问题日益深刻起来，这种种，导致他严于律己，勤于学习，不轻薄，不腐化。后来读书日多，受欧洲文艺复兴以来的人文主义思想和艺术精神影响也是多方面的。如受十八世纪法国启蒙主义思想家狄德罗的影响，狄德罗曾被恩格斯称为"为真理和正义献出了整个生命"的战士。如受十八世纪英国讽刺小说家菲尔丁影响，菲尔丁长于用讽刺手法揭露贵族和资本家的庸俗和虚伪。再如，十八、十九世纪的俄罗斯文学和艺术，也是他极为喜爱的。西方诸多艺术家思想中尊重人、关怀人的鲜明倾向，被永玉用于与中国古代诸子，特别是楚人重生命、重个性、重自由、"哀民生之多艰"的古典人文主义思想结合起来，与个人在大动荡时代的观察体验结合起来，形成了他自己一份独有的、具备着广阔历史视野的人文主义精神。同时基于这种精神，派生了他一种深刻犀利的社会批判眼光，也即他自己说的一种"看透了"的能力。他的《人子》《天问》《江上》《永玉三记》《大话水浒》《吴世茫论坛》等作品中许多内容，还有部分画跋，都显露着他思想情感透彻深沉的一面。

永玉的通达，反映到为人处世方面，则表现为无论顺逆，他始终守持着一种平民身份，百姓心态，不折不从，坦诚入世。他既无扭捏作态，故作清高的名士气，也无低眉顺眼，讨好卖乖的奴才气，因而给人印象是真实、亲切、好理解、令人放心。正是这份通达，使永玉结交甚广，老的小的、读书的不读书的、在岗的下岗的、有钱的没钱的、有权的无权的、中国的外国的，其间均不乏知心者。特别是在处理艺术家和政治家关系上，他分寸极严，尊重自己，尊重他人，朋友就是朋友，不涉其他。

通达，只有通达，才能使自己雄强和幽默不陷入小眉小眼的局面。只有通达，生活才能真正快乐，而不只是"节日快乐""生日快乐"。

曾有人想摸永玉通达的底线在何处，因而问他："你怕什么吗？"永玉说过，自己常做梦追鬼，鬼想翻越土墙逃脱，他还要赶上去扯鬼下来，可见他是连鬼都不怕的人。那么，他怕什么呢？永玉答："只怕历史！"答得响亮，有深度。一个人没有历史感，雄强只会流于莽撞，通达也只会限于浅薄。不过，他一个平头百姓，有多少值得怕历史的？倒是政坛上的、文坛上的，几十年来，不少自以为能扭转乾坤的人反而被乾坤扭转了，由崇高变成了滑稽，有的甚至变成了不齿于人类的狗屎堆。这些人才应该怕历史。永玉所说"只怕历史"，显然更多的是表露了有幸见到历史对那些"庞然大物"如此无情，如此"现世报"而引发的无比开心！

关于永玉和凤凰的关系，我这样一个与他同街坊的人，谈论起来虽然占有了某种方便，但限于知识视野，目前认识到的，主要就是上述一些了。总而言之，从艺术气质上看，故乡赋予他的是一种重情爱美、吐纳百家的楚艺术精神；从性格禀赋上看，故乡赋予他的则是雄强尚义、幽默通达的游侠精神。两者相加，也就是重情爱美、吐纳百家、雄强尚义、幽默通达这十六个字而已。不过，这十六个字，既属他从家乡所得气质禀赋的简要概括，同时也可视为对他作品人品总体特征的一种粗线条的素描。

　　卑之，无甚高论！作此文章目的之一，还在于抛砖引玉，以利于更多喜爱永玉的人对其奇幻多变、光彩夺目的艺术有个更切实、更深入的理解。

2003 年 8 月 6 日于凤凰

凤凰小城，

北门临河，

进城后，

傍右手沿城根走五十米，

有一条与城墙垂直的街，

名叫文星街。

那时，他和凤凰都正年轻

文星街升起耀眼的星

凤凰小城，北门临河，进城后，傍右手沿城根走五十米，有一条与城墙垂直的街，名叫文星街。这街由于紧傍文庙和考棚，又为图吉利，所以在百多年前，人们为它取了这么一个好听的名字。

说来惭愧，这也居然叫街，它全长不过百米，住户不过二十，再往前，便是陡斜的西门坡，属通往西城门的路，不归文星街了。

在凤凰，当年最热闹的去处是十字街，那是商人集聚处。

为了争地皮，房子挤挤夹夹，街道两边檐口几乎对接，只留下一线天光，偶遇暴雨，两边檐口便化为千万支水枪，互相对射，把水泼进对方店铺里去。于是，双方因商业上竞争所积起来的一份难言的怨愤，此时都得到了淋漓尽致的表达。

文星街则完全是另一种格调，两边住户修屋时，大都考虑到在自己门前留出一点空地来，街道由此也就显得宽敞、光亮，并有一种彬彬有礼、和谐谦让的气象。

这里的石板路，在城里说来是第一流的，十分平整，石板下面的下水道开得宽而深，雨天穿钉鞋走过时，回音也格外清朗。

文星街人很讲究清洁。如果早起经过这里，总会见到一些妇女在打扫门前的街道，有的发髻上还别着一把木梳。

常有河风从街口吹进来。街后红色围墙那边是飞檐斗拱的文庙，文庙里有荷塘，有丹桂，夏秋间，均有香气溢出，通街弥漫。

这条街，当年是雅静的。如果没有一批孩子们的笑闹，那么，这条街就会令人感到太寂寞了。

我家住在文星街最末一条小巷深处。十四岁以前，我上幼稚园，上箭道坪小学，上县立初中，每天至少来回这条街两三趟。放学后，去红岩井挑水，或到北门外大河里游泳，或上姑爷家、外婆家，或到东门外买酱油，等等，都得走文星街出入。此外，偶尔与同伴发生冲突，学着当时室外宣传打倒日本鬼子的方法，画上几张打倒自己同伴的漫画，也得搬着高凳，贴到文星街去才有观众。有时出于无聊，将家里那只大黑狗按倒在地，十分耐心地用石灰水在它身上写某某同学的名字，成功后，也得将这狗赶到文星街去，才能引起一点小小的轰动……

算起来，十余年间，我出入文星街至少是万余次了。

万余次的来回，使得我在漆黑夜晚也可以在这街上摸进摸出。可是，如今回忆，对人户了解不免太少。原因是年纪小，不探事。另外，主要是这二十来户人家除两户平日对外开放，整天敞着门外，其他各户，白天几乎全关着腰门，静悄悄的，偶尔才见到一两位老太婆在腰门外晒太阳。

对外开放的两户中，一户是刘姓染匠铺，染匠们的手常年蓝莹莹的，有点怕人，但我喜欢看他们打开两腿，站在高摇摇的凹形石碾上，托住这石碾的是裹着蓝布的滑溜溜的滚筒，石碾在上面荡来荡去，眼看快离开滚筒时，却又一换方向，化险为夷，近乎杂技，使人入迷。

这染匠铺给我的另一印象是孩子多，一个接一个，相差均只两岁左右，这伙兄弟们个个胖墩墩的，因此统称为"砣"，编了号，大砣、二砣、三砣直到五砣或六砣。每当吃饭时，总有那么几砣挤坐在临街的门槛上，各人端起大碗，互不干扰地狼吞虎咽，颇为壮观，使人不敢低估他家未来的兴旺和强大。

如今果然，仅说大砣，他继承父业，把蓝白两色运用到了变幻莫测的程度。他染的东西，已漂洋过海到了欧美。几年前，他曾东渡日本，当众献艺。由于考虑到大砣这乳名不响亮，贡鑫这学名又笔画多难写，于是改名为刘大炮。

另一户对外开放的是银匠铺，与刘大炮家隔壁，主人姓龙，天生一头卷毛。他打制的东西格外精巧，盘龙绕凤所用的银丝，有的细如蛛网，不知他是如何抽打出来的。有时，可以见到他口中含着一条弯头小管，鼓起腮帮，把灯焰吹成一条蓝色火苗，呼呼地射往正制着的银器上，那情景真是有声有色。

在文星街，除自家屋外，我真正登堂入室的只有一户，这户住在一条短巷里，姓刘，老主人我们称之为祖太，他长孙只比我大一岁，因字辈比我高一级，也得叫他一声叔叔。老祖太的父亲，大约是清朝一位大员，有一幅像挂在堂屋里，红顶花翎，身着朝服。祖太本人是位文人，民国初年当过几任县太爷。我不太喜欢他，因为向他请安时，他总是只用鼻子嗯一声。我喜欢的是他家那小院子，有蓝色的鸢尾、火红的石榴，还有一架把院子映得绿茵茵的葡萄。有一次，祖太的儿媳从她房间的窗口伸手出去，便摘下了一串葡萄给我，这印象太深了，以至此后几年，每当街上有人卖葡萄而引得我眼馋时，我便想起了那个诱人的窗口。不过，一想到祖太那冷漠的鼻音时，也就兴味索然了。

童年时代，文星街给我印象复杂而又亲切的人只有一个，这便是黄永玉的妈妈杨光蕙先生。

我两岁半进幼稚园，凤凰县幼稚园设在文星街文庙巷里，杨先生家就在幼稚园门口，奇怪的是我一次也不曾见她从自己家门口走出来。母亲送我进园时，大都在龙银匠家一带遇上她往西门坡方向走去。相遇时，母亲一声令下，我便叫道："先生早！"接着便是一鞠躬。这种鞠躬是幼稚园先生们训练出来的，九十度只有多没有少。当时，这种施礼方式用途不广，只向孙中山遗像和"蒋委员长"肖像及学堂里的先生用一用。拜年，拜菩萨，拜孔子均得跪在蒲团上磕头。

　　杨先生戴着一副黑边眼镜，穿着有许多褶子的黑裙，使我感到稀奇。向她鞠躬后，她总要摸摸我的头，说我是个"乖崽"，有时，还夸我的红绣花鞋好看，并随口念道："三岁小孩穿红鞋，摇摇摆摆学堂来，先生问我哭什么，我要吃口奶再来！"

　　调子很欢乐，后面一句，她常常是笑着边走边念的。

　　当年，凤凰男子大都出远门打日本鬼子去了，妇女在家很注意打扮自己的孩子，小男孩穿绣花鞋并非怪事，唯独她笑着说谁要吃口奶再来那一句使我警觉，因为那时我在家里的确还陪着不满一岁的弟弟吃奶，偶尔为亲戚见到，认为可羞，我不大以为然，但让这位戴眼镜的先生知道，看来就不妥了。她念那话是真有所指吗？小小心灵里也知道不安，以至如今还印象深刻，恍若昨日。

　　读小学期间，好像没见过她，记得进初中后，有时陪母亲外出，偶尔见上她一两次。那时，我已知道家中亮柜里那座有蝴蝶的通草花镜屏的来历了，那是我母亲当新娘时，杨先生送的礼品。想到这些，那鞠躬的内涵就更丰富了，不过，因为十一二岁了，鞠起躬来速度颇快，不免显得草率。

"啊，快有妈妈高了！"杨先生说。

这话，当然是赞扬，但听去总觉得充满着很深的感慨。

那时，我还不知道她的大孩子黄永玉大约只有她高时，就远远离开她外出谋生去了。

那几年，她家只有老五黄永前在文星街很活跃。老五比我高半个头，在哪里读书一直没弄清，只晓得他是我们文星街孩子中的大王。这位大王脸型略长，爱流鼻涕，瘦精精的，常年穿着一件败了色的灰中山装，松松垮垮，几乎长及膝盖，仅看外表，"斯亦不足畏也矣"！可是他动作灵活，骨头硬，嗓子大，精于打架、骂娘、劈甘蔗、滚铜圆之类。滚铜圆时，他歪着头，斟酌手中的铜钱下去后将要走过的路线，琢磨着自己的钱对别人应采取的包抄弧度，那份专注，那份神采，完全同一位艺术家进入创作时一个样。铜钱脱手后，在石板路上游走一段，倒下了，倒的地点无论如意还是不如意，他都会大声地骂出一连串的粗话来充分表达自己的喜怒。激动中，还会不顾大王的风度，闪电般地用衣袖抹去早就该抹却迟迟未抹的鼻涕。

估计当时杨光蕙先生由于子女多，家境困难，精力不济，对老五是放敞了。

当然，也可能这是教育孩子的另一种方法。只要孩子正直，放敞倒可使孩子强悍非凡，观察敏锐，适应力强。试看，两三年后，一经解放，我们的大王一下子便当上了我们为之肃然的警察，他那警服虽然显得肥大，可毕竟还是威风，这威风甚至使他那鼻涕也奇迹般地收敛了。

大约是 1950 年，永玉从香港回到凤凰。那时，我失学在家，唐力臣的外孙田懋畦想带我去杭州美专学画，为提高我的兴趣，特带我去永玉家看画，印象最深的一幅是一位衔着长烟斗的老爷爷在听孙儿背诵《三字经》。

看画的间隙，我也乘机看这庭院，没想到这院里还有那样高大的椿树，根边都长绿苔了，堂屋里还有许多字画挂着，桌上有自鸣钟，格局十分典雅，如与老五的形象比较，反差可谓大矣。

这是我在文星街所进过的第二家院子。

第三家呢？没有了。当时，我连民国初中国第一任总理就出于这条小街这一值得一吹的事也不知道。其实这位熊希龄总理的家就在黄永玉家那条文庙巷的斜对面，也是一条短巷，只他一家，平房三间，平凡得很。只是他本人确实不凡，十二三岁时被誉为湖南神童，二十一岁考上举人，二十四岁中进士，光绪皇帝看了他的文章，还称赞为"杰作"，让他进了翰林院，仅凭这些就了不起，何况民国期间，他还当上了内阁总理呢。

反正，我对于别人说的文星街出文曲星之类的传言是糊糊涂涂的，我只关心这条街那些有声有色的东西，就连这些我也不打算永远看下去，于是在1950年秋天，我刚满十四岁时，离开了它，到外地混公家的饭去了。越混离故乡越远，在频繁的阶级斗争中挣扎，几乎把文星街忘了。

二十一年后，"文革"时期，我被遣返原籍。这时，我才发现文星街的命运比我更惨，光洁的石板路没有了，满街污泥浊水；永玉家连同那大椿树都消失得无影无踪；祖太家那蓝色的鸢尾、红色的石榴也荡然无存；我自己的家，不知什么时候充了公，新主人傲然地把我堵在大门外，问我是什么人，想干什么？！

我无能地躲进苗山，远离了这使我伤心的文星街。

几年后，遇上了"拨乱反正"，公家发还了我的铁饭碗，也发还了王家弄那栋破屋，母亲住了进去，这一来，我不得不又出进文星街了。

这街，原有的那份清静和谐气象消失了，多出了许多张陌生而麻木的面孔，它再也引不起我东张西望的兴趣。

不过，令人奇怪而感动的倒是黄永玉先生的态度。

两年前，我在一家宾馆见到一幅颇富神韵的荷花，细看作者署名，赫赫然："北门内文星街黄永玉"。这位在中国被誉为"鬼才"的艺术家，这位有能耐从艺术之邦的意大利捞回一块"总司令勋章"的大角色，他竟然还挂记着这小小的文星街！而据我现在所知，早在"文革"前，他家门上那块"拔贡"匾就被人摘下了，他家也被拆迁到了西门外偏僻的白羊岭。

他这样署名，是怀旧，还是一种呼唤？

还可望文星街再升起一两颗在中国算得上第一流的新文星来吗？

我茫无头绪地思索着。

1989 年 5 月 1 日

老五永前和他的喽啰们

"老五"，永玉这样称呼他的老弟永前，我可不敢。

永前是个好人，绝对是个好人，心直口快，坦荡真诚，典型的凤凰男子。

他十五六岁当上警察，管户籍，据说只两个人就把全城户口管了下来。之后，不知何时何地因何机缘，他成了凤凰少年乒乓球教练，威震湘鄂川黔边区，一个弟子还荣获过湖南省某次乒乓球大赛少年组冠军。种种业绩，使他升为县体委主任，官至县政协副主席退休。

平日永前喜欢书法，勤于研习；不喜欢开会，常因故请假。上点年纪后，爱夏天，怕冬天，冬天一来，书法停练，也极少出门，堂屋里随时一盆炭火，上罩一木架，覆以棉被，他便端坐架前纳福。

顺带说句，永前夫人观莲也是个好人。"文革"中，永前母亲行动不便，每被勒令去街道大会接受批斗，总是观莲艰难地上下白羊岭那长长的斜坡，从自家古椿书屋将老人背到会场，斗完了，又将老人背回。

永前十三四岁时，充当过一届我们文星街小孩的大王，直接领导过我。虽然我们之间领导和被领导的关系在半个多世纪前因各奔东西业已解除，只是心理上的惯性却保留下来，几十年后，重逢在一起，他仍像大王一样，对我等这类老喽啰处处关照。永玉回来，值得大家高兴，他总能及时通风报信，有什么好处，也让我等沾光。

关于沾光，主要一项是白吃白喝。

永前居家简朴，永玉一回来便大方了许多。他那古椿书屋院子里，有三株当年广东人赠送给永玉的沙田柚树，如今长大结果，深秋收获时小的、有疤痕的，一家子先吃掉。大的、好的，按摘取先后统一编号，藏于二楼，朋友们休想见到，这是专门留给大哥的。大哥既回，当然得拿了出来，我等此时遇上，便可参加品尝，只是限量极严，得由永前分发，每人一瓣，或两瓣，不准自己动手，连多看永玉茶几前那份数量可观的几眼，也会引起永前的警觉。

开餐了，临时在树影婆娑的院子里搁起长桌，二三十位客人一齐上阵，端上来的必有观莲主厨的，被永前称之为"全凤凰仅此一家"的几道好菜。永玉不喝酒，但这种场合，主人还是会架起楼梯，到大门阁楼上取来收藏多年的好酒招待大家。吃饭规矩很讲究，谁上席，谁下座，由他派定；何时启动，由他司仪；场面壮观时，他还要离席照相。

后来，永玉在家乡修了夺翠楼，大家就跟着到那里吃。再修玉氏山房，一伙食客又在那里出没。不过，即使是在永玉家吃，只要永前在场，如何进退有序，一概还是听他安排。

理论有云，任何事物都有两个方面，大王和喽啰关系也如此，大王关照喽啰这是一方面，喽啰应敬畏大王则是另一方面，而且是很重要的方面，违犯了，吃不完就得兜着走。

　　也许，我因脱离永前管理太久，加之经历过"文化大革命"的"洗礼"，让我看白了许多大人物，崇拜权威的思想淡化，导致对大王和喽啰这种绿林关系中，大王不容冒犯的原则也有所疏忽，不经意间开罪于永前，摩擦增多，这是始料不及的。

　　其实，自我反省，做得不妥的也都是些鸡毛蒜皮的事。

　　二十世纪八十年代末，永玉凭记忆画了数十幅家乡"永不回来的风景"，向大家征集配文，我写了篇《文星街纪事》，涉及永前小时在街头巷尾打架骂娘滚铜钱这类有欠优秀的事迹，最后还引用古语对他做出评论，说"斯亦不足畏也矣"！现在看来，的确大失恭敬。另一件事就更小了，大约是九十年代初期，一次，我带了吉首大学一位老教授去拜访永前，他慷慨地一下子拿出两包好烟放在茶几上。告辞时，我把一包未开封的抓了就走，想拿去给街口枯等我们多时的小车司机，那时我自己不抽烟，这行动毫无私心，很坦然。不料永前反应强烈，大嚷："耶，耶！吃了不算，还要拿？"他不说还好些，一说，刺激得我加快脚步，夺门而出，他从院子追到大门口还在骂："刘一友，你兴这样脸皮厚吗？""你脸皮有城墙转拐处厚了！"奇怪，今天他怎么这样过劲？在乘车返回吉首的路上，我才猜想到他反应如此强烈，不会是为了一包烟，而是为了维护某种"规矩"。

现在看来，略为严重一点的一件事发生在九十年代中期。那次，永玉从海外归来，在凤凰画成《湘西写生》长卷后，先在家乡展览，我为这画写了个"后记"文字稿，永玉要我抄成大字，我字写得丑，便力荐永前来做。永玉认可，下令："老五你抄！"永前推脱不得，愤愤然认为我动用权威，转弯抹角差遣起他来了！于是一边在窗前展纸劳作，一边叽叽咕咕骂着："你的文章要老子抄，你资格够足了！"由于生气，自然写得不甚理想，抄完短文，他特地在右角空处标上"刘一友写"，含糊间，把这不成功的书法赖到我的名下，岂料我不怕，我能写出这样一手字，也够牛了。收展时，我抢先取下这"后记"，并请永玉签名留念，永前来索回，我不给，因为白纸黑字标明是我"写"的嘛，为此，他耿耿于怀。

其他也许还有些小的违规处，我哪记得清？反正以上一些事，从大王角度看来，自然认定我在挑战权威，向他叫板，心中有了积怨后，对我也就零敲碎打起来。比如同桌用餐，本是快乐事，他却不止一次当众指出我拿筷子是个反手，要不又说我伸手夹菜时袖口快荡在汤钵里了，再不然便提醒我吃东西时嘴不要太响，故意干扰我的食欲。一次，同他半年不见，特地从吉首坐客车跑百余里去看望他，上午9点左右出发，11时左右到他家，刚见面，他劈头一句竟是："这时候来，不明显是赶中餐吗？"

永前很阔，有一部近万元的相机，每逢永玉处有什么大活动，必带来及时抓拍。有时和我选上同一地点，同一角度时，他必嫌我相机只属百余元的货色，不配同他挤在一起，要我闪开。

流风所及，影响到迟我许多年才跟上他的三五小喽啰，偶然对我这样的老资格也敢飞短流长，甚至当面失敬了。

永玉1988年出国，1995年回乡，带来一本香港版的，封面烫金的大画册。我和二三小喽啰挤在古椿书屋廊檐下翻看，其中一幅在意大利作的油画写生，画的是一座横跨两岸的大石桥，上面房屋鳞次栉比，灯光灿然，作画线条则横平竖直，弄得月亮也是方的，特别是桥身几条横线，按原作尺寸推测，至少长近一米。看得入迷，想到这大约要靠直尺帮忙了，我们凤凰人称直尺为"米达尺"，所以我说："这是用米达尺画的！"当场一位会画的小喽啰就提醒我："这是贬损大师，小心挨骂！"

过了不久，陪永玉在家乡河边作《湘西写生》。一天，画到横跨沱江的虹桥时，永玉运神，一笔拉去，一条长达二尺左右的直线赫然纸上，我正惊讶，永玉回头看我，笑了笑，问："你在背后说我用米达尺画画？"

我不作答，心里明白，有小喽啰把我检举了。

又过几天，画到北门对河老营哨码头边，全画完成，皆大欢喜。我们几个在春寒料峭中跟着看画、受冻挨饿的大小喽啰们，退了向附近人家借来的矮椅、火盆，按常规各自替永玉拿样东西班师回朝。我盘算了一下，画板太重，墨盒易漏墨，其他杂物琐碎，于是抢先拿了刚完成的长卷，这最轻，卷起来又好拿。半个多月来，永玉辛苦了，此时空着手，叼着烟斗走在最前面，我一人殿后。

路线是先过架在河上百米左右长的木板桥，再走北门码头进城回家。

几个人鱼贯而行，那宽不足两尺，做工粗糙的杉木桥板在脚下不甚规则地颠簸着。走到木桥中段，我见距桥面一米多高的石墩间水流湍急，不免有点眼花，突然想到万一身子一晃，连人带画摔了下去如何是好？先以为自己拣了轻的拿，此时变成最重的了，心里还在想，话却蹦了出来，声音还很大，显得颇为焦虑。

"我如摔下河了怎么办啊？"

真是平地一声雷，走在我前面的几个小喽啰立即感到危险迫在眉睫，纷纷开腔："你莫开玩笑好吗，千万摔不得啊！""刘满满，你莫吓人好吗！""踩稳点，走慢点，求你了！"混乱中，有人高声发话："你们都莫讲了，免得他闪了神，栽下去反赖我们！"此言有理，一时鸦雀无声，我突然感到自己充当了一回身负重任的大人物。

两三分钟后，大家安全登岸，几个小喽啰立即变脸，一场虚惊所引发的恼怒，化成一连串恶狠狠的话语，这个说："你今天摔下河，我们就不救你，只救画！"那个说："不救他，干脆大家下河把他闷一顿！"另一个则说："他会水，闷不倒他，还是拉上岸打餐饱的！"七嘴八舌，在想象中设计着如何对我严惩不贷。

此时，永玉发言："真摔下去，我们得先救他，再救画，赶快摊到岸上晒。我猜得到，趁我们晒画时，一友肯定跑到车站去，买张票返回吉首，再不来了！"

相形之下，喽啰可恶，永玉厚道。

这回，全亏我沉着稳健，没摔下水，要不然长卷泡汤，永玉损失惨重，当今的观众，更休想见到这幅迷人的《湘西写生》了。

其实，我心中有数，喽啰言行均属小打小唱，有趣而已，真正能与我抗衡的，还是他们的后台永前，只有他杀将出来，才难以招架。

几年前，一天早上，永玉在玉氏山房为一位以工艺美术为业的年轻人讲画荷，边讲边画，他通俗地解剖了一朵荷花由哪几个基本形态构成，又讲了叶子的画法等等。当永前睡足觉，迟迟从古椿书屋背着他的宝贝相机过来时，课已讲完，一伙人，包括永前的三五喽啰，大家散落在大厅各处闲聊。永前到来，我恭迎上去，不扯别的，出口便说："永前，我告诉你，其实，画荷花容易，就是一个杯子、一个盘子、一个碗，变来变去。"本来接下去我还要讲到调羹，不料他立即发作了，先是不屑地

"啊"了一声，接着打了几个哈哈，敞开他那洪亮的嗓门就嚷了起来："大家听啊，刘一友讲的，画荷花容易，只要一个杯子、一个盘子、一个碗！你们听见了吗？"他嗓门这么大，当然有人听见了，他的二三小喽啰距我俩较近，有几分尴尬地微笑着。永前见有了听众，嚷得更响："刘一友这家伙，好大的胆子，班门弄斧，到大哥这里讲起画荷花来了，听啊，他说的，只要一个杯子、一个盘子、一个碗，哈哈，胡说八道，真正的胡说八道！"他还怕在场的众人没听清，又重复嚷了一遍。

永玉本来隔我们较远，听得永前如此开心叫嚷，走了过来，永前大声地转述了我的"胡说八道"，永玉忍不住也笑了，凑近他轻声地说："这是我早上才讲的！"

永前语塞，大厅寂然。

这一回，好胜喜斗的永前算是搬起石头砸了自己的脚，他不怪自己，反认定是我巧设陷阱让他栽了进去，对这他岂肯善罢甘休。我清楚形势，无论在玉氏山房，还是在古椿书屋，总小心提防，不让他扳本意图得逞。

只是，谁能料到他竟跑到吉首来，在我们学校捕捉到一次绝佳机会，给了我沉重一击。

那天，永玉离开凤凰到吉首，拟乘晚上去北京的火车，下午，先在吉首大学停留几小时，学校盛情接待，座谈了一阵。晚餐前，永玉、永前和我在休息室闲谈，两位校领导再次来看望永玉，甫坐定，其中一位便开了腔："黄老，祝您旅途愉快，为让您路上多个伴，我们决定要刘一友教授陪送您一道去北京！"

这当然是一件求之不得的美差了。只是，不久前我才从北京办事回来，不大想走，更何况事先连一点风声也没有，不同我商量就决定了，有悖常理，加之也许还有点其他什么心理积淀作怪，使得我反应迅速，抢在永玉表态前告诉他们："我不去！"

近年来，永玉听力略差，当时领导坐得较远，声音又低，永玉只听得我说的"不去"，便问什么事，我大声转告后，永玉客气地对领导说："这就不必了吧！"领导见永玉似不反对，又来动员我："刘教授，晚上的票都给你买好了，还是去吧。"啊，票都先买了，更有悖常理，我回答得也更干脆，更响亮："票买了我也不去！"永玉又只听清我的，问："他们还在说什么？"我气鼓气胀地说："他们还在要我去！"永玉敏锐，立即弄清为什么了，回应极快，断然宣布：

"我不要他去！我难招呼他！"

真是一句顶一万句，此言一出，领导无话，感谢永玉坚决"不要"，理解万岁！

岂料此事到此未完，永前对我拒去北京一事，在态度上竟敢和永玉不保持高度一致。

晚上，准备去火车站，永玉和梅溪老师坐了领导的小车，领导和永前，加上永前的二三喽啰，我校办公室的、图书馆的，还有州里的几位来送行的都挤在一部大车里。靠前的位子自然让永前和领导坐了，我等靠后，以示礼貌。

开车前，永前见人多势众，且永玉又不在场，便乘机发难。在昏暗的车内，他侧过身，一时面向与他在一条线上的领导，一时斜对着我，有时还吃力地扭过头，对着车内全体，大声大气地对我痛斥："你们看，就是坐在那里的这个刘一友，他今天表现有多坏，要他陪送大哥去北京，他竟然不肯！""你们晓得吗？就是这个刘一友，近几年，在吉大他一不上班，二不上课，三又不退休，晓得他一天搞些什么名堂，今天是人家书记兼校长要他送大哥去北京，他就是犟，不肯！这家伙，连人家书记兼校长都喊不动你了啰，像话吗！嗯？哼！""你自己说说，刘一友，要谁才喊得动你！"

全车哑然，被本车内资格最老，威信最高的角色用响亮的嗓门，精辟的概括，巧妙的煽动所征服。试想，他指出我平日的"三不"后，再追加上今天的一个"不"字，给人印象是何等的鲜明强烈，何等的令人难于容忍！

这次，永前算是劈头盖脸地把一盆脏水淋在我头上了，我措手不及，只好硬挨。我想到，只有我们凤凰人如永前之流才会把玩笑开到这样痛快淋漓的程度，同时也只有凤凰人如我之流，才能像洞庭湖的麻雀一般，对这类风浪司空见惯，处之泰然，并能在招架中欣赏对手的机巧和厉害，从中也分享到一份快乐！

关于"三不"，要害是"不退休"，那时，我本已比正常退休年龄超期服务了五年，是有人和有研究项目把我留住了。不过，事有凑巧，恰恰在经过永前一番巧骂后，不到一个月，退休通知下达。我去凤凰面见永前，怪是他那天挑拨，让我收入蒙受巨大损失，他将信将疑，笑着，赔了我一顿晚餐。

反正，永前清楚，这一回合中，他取得了空前的胜利，出了多年来一口闷气，心情舒畅。我们间的冷战关系，似乎也从此开始解冻。

迹象之一，我俩达成一项协议，我用当年他书写的那张不太成功的"后记"，换取他书写得十分成功，裱好了，曾在他家客厅挂了几年的一副对联。互惠互利，只待交割。

迹象之二，去年，我带了从深圳来的女儿、儿子和孙女到古椿书屋看望他和观莲，他竟一次从二楼取来三个用塑料纸包得好好的，先一年的沙田柚来招待，全破开，吃不完，永前还十分大方地劝我们带走，到火车上去吃。

迹象之三，去年冬，一天永玉提议大家去看看如今凤凰年轻人晚上是怎么个活跃法，于是我们几个人，包括珠海来的摄影家卓雅，一起走进街上一家灯火灿烂的娱乐厅。不料一进门，便被人引进一间大包厢，让我们自己活跃起来，跳舞又唱歌。我古板笨重，不跳舞，只唱歌。这夜，我唱了《北国之春》，与永玉合唱了"长亭外，古道边"，承蒙永前邀请，我俩合唱的是

"正当梨花开遍了天涯，河上飘着柔曼的轻纱，喀秋莎站在峻峭的岸上，歌声好像明媚的春光"。

这最后一句歌词是何等美妙，简直是个好的兆头！我想清了，只要我吸取教训，恪守被领导与领导，准确地说即喽啰与大王关系的规矩，加上有永玉的"公平、公正、公开"，我和永前，连带他那三五个小喽啰的关系，一定会一天天好起来，直到"好像明媚的春光"！

2005 年 4 月 9 日上午 12 时于深圳滢水山庄

湘西的蓝白艺术

《美育》的编辑同志盛夸我家乡——湘西的蓝印花布，还说美学家王朝闻先生也曾提醒他们介绍，对这，我很高兴。若干年来，这蓝印花布作为头巾、围裙、门帘、被面、蚊帐、包袱等，在我们偏远的湘西农村小镇无处不有，它同那五彩缤纷的织锦、刺绣、花带等，共同成为点缀这里土家苗寨人的生活，培养他们美感趣味的民间工艺品。不过这些东西一向是不登大雅之堂的。近几年这类东西才渐渐出了远门，在一些工艺品展览会上占有了一席地位。它以自己质朴而不乏几分俏丽的品质，迷住了不少观众，以至于如今在北京、上海、广州等大地方，也有些姑娘看中了它，用这种蓝印花布做成衣裙，拙朴素雅，别具一格。有一些印花布则为国外友人所看中，向湘西订货，使它有幸漂洋过海，到了欧美。

蓝印花布常被简称为蓝染，它用的原料只是两样：一是白布，以往是由乡村妇女自纺自织，织成后，在饱含矿物质的清溪里洗了晒，晒了又洗，利用阳光漂白的家织布。如今则用了大工厂织的各种白布，其中最受欢迎的是较厚实的龙头布。二是靛蓝，即国画中所用的颜料之一，名叫花青的便是，它是一种植物染料，一般间种于苞谷地里，春种冬收，取其茎叶沤制而成。用它在白布上印染，所得结果简单分类，不外乎白底蓝花和蓝底白花两种。

如此简单，它何足以成为艺术？不过，黑白两色在版画家手中可以成为艺术，这蓝白两色，在聪明的民间艺术家手中，又为何一定成不了艺术呢？

在蓝染的用色上，一个蓝色，也是多变的。有时以浅蓝作底，撒上朵朵白花或印上变了形的动植物图案，这时，色彩给人的印象相当和谐，素净而又轻盈，有时用深蓝作底，蓝白两色形成强烈对比，给人印象则是明朗、响亮而又庄重。对这两种用色的要求是浅而不艳，深而不浊，总的格调则是质朴和爽朗。

湘西的蓝染，传统技法有石染、扎染和蜡染几种，染工在这些技法基础上各显神通，展示各人的特长和风格。蜡染在湘西不甚流行，故本文只介绍石染和扎染两种。

石染传统，源远流长，在马王堆汉墓出土的纺织物中，确有"用阳版套印彩色花卉的印花织物"。湘西一位老染匠参观时，竟确认其中一种属于他所常打交道的蓝印花布，并引以为荣，是否确凿，有待考证。石染的做法是用刻好的印版平铺于白布上，再用石灰和豆浆调制成的乳液涂刷，晒干后投入染缸，提出晾一阵，使之"化绿"（氧化），再投入，再"化绿"，反复六七次，然后晒干，刮去石浆，为石浆所封闭处即露出白色花样。这类制品的艺术性，重要一环在于印版的雕刻，而这与湘西的剪纸艺术是相邻的。它的花样，涉及刀法所带来的刚柔秀拙之美，涉及刻版者对动植物图像变形处理时的匠心。就笔者所见数十张印版而言，拙朴柔韧的线条居多，纤细疲软的线条极少，这与当地民族的性格有关。不过，在线条的运用上，用来描画狮子、梅花等，则多拙朴疏朗，以示强劲，用来描画鸾凤、牡丹等，则多柔韧细密，以示繁富。当然，在一幅石染中，有时为追求线条风格的统一，图像虽多，线条趣味同一的情况却是常见的。

湘西石染的传统图案常见的有"双凤朝阳""凤穿牡丹""狮子抢球""喜鹊噪梅""蝴蝶穿花""石榴结子"等，大都寄寓着一种追求吉庆的意思。过去的印花品中，未见有松鹤，看来松鹤一类在文人眼中的象征意义，似不曾为这里的老百姓所接受。另外，在其他地区民族工艺品中常见的虎、熊、猫、狗，在湘西的印染中也未发现，这也与当地民族心理有关，这类野物，在一些少数民族中，某些是犯禁忌的，因而不受欢迎。

关于湘西的石染，特别值得介绍的是近几年取得的一项重大突破！过去的石染，只用印版印出花纹，如今却能不用印版染制别具一格的国画了。它以蓝代墨，以布代纸，染制的结果，画者的笔意得以保存，神韵得以传达，但水墨在宣纸上浸润的效果，却为蓝靛在白布上对石浆的奇妙渗透所取代，形成一种不失蓝染基本格调的崭新的蓝白艺术。

这确是一种推陈出新，首创者为湘西出生的画家黄永玉和他的同街坊染匠师傅刘大炮。几年前，黄永玉回乡创作，一次参观刘大炮染布有所感悟，提起刷子，蘸上石浆，在几幅白布上画荷花、梅花、水仙等给刘试染。刘手巧心灵，运神操作，染出后，果然成为一种不失蓝染特色而又确有新趣的艺术品。据说，这小小几幅蓝染，不久出国为家乡换回了一辆旅游车。那次之后，两人合作，几年内染了数十幅国画。在这过程中，刘在手法上摸索出捶、揉、掐、捏，浸染上摸索出分层轮染，配料上灵活变化等经验，竟然使蓝白二色在布面上能显示出浓淡枯润、明霞晦雾、山光水影种种效果。特别是蓝白交浸在布上所形成的看去几乎是透明的、冰裂似的花纹，更是十分奇妙，为笔墨所难以企及。试看《狼和狼孩》身上所显现的"冰纹"何等的错落有致，自然天成，给人几近于透明的质感，颇似明代碎瓷或大理石雕。

至于扎染，不用印版，不用浆封，花样成形全凭艺人染前对白布做出巧妙的折叠和捆扎。由于折叠上的正反变化，捆扎部分的宽窄松紧，布局上的疏密粗细，使得蓝靛在白布上浸润不一，结果形成的花样如蛾如蝶，如花如月，其"冰纹"则如光如影，如迸如飞。传统的花样比较细小写实，大都为小蝴蝶、小花朵之类，可见于苗家人的头帕、围裙、包袱布上。近年来，花样渐趋抽象，蓝白二色的运用更显得奔放莫测，层次增多，但又总不失质朴、素净的基本格调，因而引人注意。

　　"你们湘西人很爱蓝色，也擅长蓝白艺术。"一位外地的美术工作者在湘西游览了一趟后，发表了这样的高论。他的证据颇多，从过去被人贬为"苗碗"的白瓷蓝花的粗碗说到苗家盛装所用的各种蓝布、蓝缎，主要依据还是各种蓝印花布所给他的印象。只是他弄不清湘西人这种审美趣味形成的原因。议论结果，认为可能与这里的自然环境和民族性格相关。的确，湘西这地方山碧水蓝，民风质朴爽朗，湘西人这种对蓝色和蓝白艺术的喜爱，也许就植根于这样的土壤中吧。

（原载《美育》杂志 1984 年第 2 期）

美不美，家乡水，亲不亲，故乡人。

凤凰，我所生长的地方

春节刚过，黄永玉先生回到了凤凰。

六年前，四月二十七日夜间，家乡一些人和他在沙湾遐昌阁上聚餐，为他饯行。讲了许多笑话，肚子都笑疼了。又唱了戏，永玉也自告奋勇唱了两段。唱得不好听。他声言自己在家里唱得比这好得多。

那夜，外面电闪雷鸣，下了一阵猛雨。大家离开时，雨还零星下着。小城街灯昏暗，有些地方大段暂缺，永玉走得飞快，高一脚低一脚，把地上积水踩得四溅。

第二天，他就走了。

年光逝水，世故惊涛。也不知道他发了什么脾气，一改往昔三两年回来一次的习惯，一去就是六年。

去年，他在香港办了一次堂哉皇哉的画展，没忘记从家乡请几位代表去看他的新作。可惜大家不中用，竟一时办不好那个出境证，空欢喜一场。

他想回来也就回来了。嘴上含着烟斗，带了梅溪老师和黑蛮夫妇。有人说，火车快到怀化时，天未大亮，永玉一人早起，如困兽在笼，走来走去，透过大玻璃窗张望外面的风景。遇上一位满口凤凰腔的人，立即趋前，奉上雪茄一支。

美不美，家乡水，亲不亲，故乡人。

在怀化站，亲友和州县有关领导早已恭候多时，见了面，高高兴兴地将他和梅溪老师一行接上小车，凯旋般地回了凤凰。于是，大家又见永玉。

"古椿书屋这下子是古椿茶馆，又是古椿餐馆了。"

古椿书屋突然涨潮般热闹起来。

平日，古椿书屋只老五永前在家，寂静清爽。去他家，在围墙高坎下大喊几声，先是狗叫，再才是永前答应。他关了狗，脚步才响过大门边来。这些天不用了，狗坐了禁闭，门一敲就开，有时门只虚掩，以便进出自由。

永玉久不回乡，亲友久不相见，好在一见面，那六年时间仿佛只瞬间而已。

太阳好，平整清洁的青石板院坝里，落满了树影。大家在树下聚谈，瓜子壳烟蒂，一扫就是半簸箕。晚上天凉，堂屋里烧了三盆炭火，又是满地烟蒂和瓜子壳。有什么办法，一来就是二三十人，哪来那么多的烟灰缸、果皮筒？

这帮亲友，大都是些吃得苦，少野心，因此日子总过得十分满意和快活的角色。凑在一起，喜欢讲笑，讲了笑也就更快活。童年的现在的，别人的自己的，"大跃进"的"文革"的无所不讲。大家土腔土调，嗓子大，笑声更大，叙事中，夹以骂娘带哨，如写文章时打标点符号一般，甚至比标点符号更重要，起承转合都靠它。

古椿书屋是木板房，共鸣特佳，哄笑起来，声震屋宇。永玉也是个笑话大王，见多识广，又懂关于笑的深奥理论，他参与进来，更助长了大家说笑的嚣张气焰。

一个外地人置身这种场合，定会认为有欠文明典雅，更甚者，会被这份自己十分陌生的野气弄得惊心动魄，坐卧不安，溜之大吉。

永玉得其所哉，笑得嘴角飞到耳朵边去了，难得的痛快！客人们呢，得其所哉，"明天再来"。

轮到开饭了，走的走，留的留。留下的吃罢饭自己去送碗，不能及时赶上开餐的则自己进厨房自力更生，酱油、辣子，醋添加方便。永前夫人率领着一批侄儿男女打仗一般，洗菜烧火，手脸通红。

永玉高兴，笑着说古椿书屋这下子是古椿茶馆，又是古椿餐馆了。

"那些木偶真漂亮！"

回乡后，朋友们对永玉的第一场招待是请他看本县春节联欢晚会的录像。动机不外乎认为永玉未赶上这场盛会，应作补偿；另一方面大约也自认编排摄影均不错，露一手让永玉也吃一惊。

目的达到了，一两小时的节目流光溢彩，快乐非凡。永玉感叹："二十年前能这样就好了！"又说："近些年，凤凰真变了，人也讲究了。朴素是美，但过去那种简陋不是美。今夜，算你们对我一个教育了。"过一阵，又笑着重复一遍。

第二场招待是看辰河戏，永玉想看这辰河戏。

想来，这是童年时代看木偶戏所形成的情结。木偶戏唱的就是辰河高腔。

扯谈中，永玉和大家回忆起小时看木偶戏的种种快乐。往昔哪条街要演木偶戏了，对本街和附近几条街的孩子们来说，都属盛大节日。在宽只丈余、用一片脏得发黄的白布围了的台前，孩子们争地盘，打架骂娘，买酸萝卜吃，看红花脸杀进黑花脸杀出。偶尔也把头伸进布帷中去，窥视艺人那副比他自己所舞木偶更为俨然的表情，或者去后台，摸一摸悬挂在绳索上此时垂着头的木偶，挨了骂，又悻悻然走开，到别处去惹事。

孩子们并不认真听戏，那总有几分苍凉的唱腔和唢呐声，还有那激越的锣鼓声虽为木偶所设，无意中也为孩子的一切活动提供了一种音响氛围，这氛围是那么的亲切，令人终生难忘，想起来就高兴、激动。

"那些木偶真漂亮！"回忆中，永玉这样赞叹。

显然，这是当年看木偶戏所得的综合印象，并非一位大画家如今限于木偶脸谱的冷静品评。

家乡的木偶戏已悄然消隐，人演的辰河高腔还有，于是就看辰河戏。

看了两夜。

那呜呜吹奏的唢呐，应和着角色的唱腔，时而如怨如诉，时而充满了霸气。那鼓点，或静寂，或低沉，或清亮，或疯狂如雷。

其戏文，永玉说有的近乎莎士比亚的《奥赛罗》《麦克伯》。

第三天，永玉花了四个小时画了一幅线描重彩的李龟年像，赠给六年前也曾带队来唱辰河高腔的剧团鼓手，画上题写了一首杜甫的诗：

"岐王宅里寻常见，崔九堂前几度闻。正是江南好风景，落花时节又逢君。"

"在家乡，总还得有个窝！"

"那不是黄永玉吗，他回来了？"在街上，一位老太婆与永玉擦肩而过，拦住后面跟着永玉的人问。"你认得他？""认得，认得，现样子，他回来好，帮凤凰把风景弄得再好点！"

真好，这位老太婆还没忘记前几次永玉回乡，为凤凰风景所发的呼吁，和义卖自己的画参与修沙湾白塔之类的事。猜想她还见到过永玉将在意大利堂哉皇哉展出的画，如大字报般挂在绳子上，在凤凰县道门口向家乡父老汇报的情景，所以她开口就只涉及风景，对于一些人用永玉的手艺争取拨款之类的事就不涉及了。

家乡人好，风景也好，永玉说："在家乡，总还得有个窝！"古椿书屋归永前住着，永前一家人丁兴旺，房子也就日显狭窄了。永玉自己有一片小小地基在依山傍水的回龙阁准提庵旁边，闲置多年了。这次，他请来了修乌巢河天下第一大石桥的田工程师来为他设计这间小而又小的木楼。

他谈到了意大利人对自己的古老建筑的执着态度，而这又并不影响世界上最新最有名气的小汽车外形设计是他们做出来的。

他希望自己这间紧贴河岸石壁的小木楼一切是土里土气的，与相邻的一排古老的吊脚楼融为一体。

永玉请田工程师为他木楼三面都设计成大的木格窗户，他好在里面作画、写小说，端午节和朋友在楼上看划龙船，他甚至想到了从楼上放下六七丈长的线，去钓楼下深潭里的大鱼。

"到时候你来，你也来，还有你们也来！"

房子还没动工修，永玉就急着先把请柬广为散发了。

永玉未来的邻居，旁边一间吊脚楼的胖女人见他来看地方，在阶檐下和街坊上大声宣扬："这下子好，我家不光和准提菩萨邻居，还和名画家邻居，我要兴旺了！"

永玉在家乡建个窝大家也很高兴。这窝虽比不上他在北京、香港和意大利的宽敞，但，这里毕竟是家乡。

大家早就对永玉在意大利那个窝暗怀猜忌了。那个窝与达·芬奇为邻，你画得不好他会摇头，我们这里，你写得不好，沈从文难道不会摇头，满山青树不会摇头？何况这里曾是屈赋中那山鬼出没的地方，有的是灵感！

意大利的芬奇小城因何要同我们争一个黄永玉？

在他居住的时间上，一年中，这里和外地，包括那个芬奇小城应该平半分！当然也可讲价，让点步，我们拿个四分之一？六分之一？再也不能少了！

"我是我！"

客人中，来得最勤的还是一伙画画的中年人。

二十多年前，"四人帮"批永玉那张开只眼、闭只眼的猫头鹰，永玉逃难回家，一批喜欢画画的小朋友和年轻人围着他团团转，看他把生活中的景物和人物如何变到纸上成为线条和色块，乘机也向永玉要一两张画作纪念。不久"四人帮"爪牙来凤凰追缴永玉的赠画，这伙人软磨硬抗，不交！如今，这伙人大都各有一手功夫了，维护着凤凰作为"画乡"的声誉。

眼前，师傅到了，自然要来伺候和领教。

永玉一声叫画画！弟子们立即如触电一般，挂纸、挤色、打水、洗笔，或端饭上来给永玉在未完成的画前吃，无微不至，且鸦雀无声，令人感动。

永玉则画一阵，讲上几句，算是传道。

"创作，是一种快乐！"

"艺术上只有好与不好之分，没有新与旧之分，不必赶什么潮头。"

"要细心感受，哪怕是一堆乱草，你仔细盯着，看它的结构、质感、色彩、空间关系，都会发现它的生趣和美，很小的一幅画，也会显出一种大世界的气韵。"

"把自己的情感、人格和学识化入画面，这就是主题。对主题理解，不要偏见。"

"要独创，不拘泥，或典雅，或粗犷，或大红大绿，或刷子涂抹，或单线勾画，都要有自己的个性，我要使自己每一笔都姓黄！"

"要为自己不断设置一个又一个难题，去攀登它，只要不倒下，就要冲刺。重复自己，那是浪费生命。"

"我是我！"

"少管闲事！"

永玉今年七十岁了，走路做事风风火火，两三个指头上缠着胶布，说是多年接触颜料中了毒，不要紧，能提笔就要画下去，一天工作十几小时，一年仅墨汁一项，要用去五磅。

"良工不示人以朴。"去年在德国，见到许多钉在十字架上的耶稣画像，手摊得太平直，如吊环上水平支撑，不甚妥，自己来画。昂贵达三千元一张的纸，画去七张，才略感满意。在故乡作画，以前自己感到不如意的，揉成一团，顺手丢到屋角，如今定要撕烂烧掉，以至旁观者虽一点也不嫌弃，愿意抢救也无计可施。

每幅画都注入了自己一分艰辛和个性，存心给人的是美的愉快，他为此自信、自豪、得意非凡，开画展不设意见簿！

近年，仍常画大画。有人问："这样大，谁买得起？！"

永玉答："要你知道，世界上也还有不卖的画！"

一条碧蓝的河绕凤凰而过，这次，永玉决心把两岸风景顺写生长卷，要画的是近十里的景象。天气好，徒弟们跟着，不过，天气阴冷时，也有自己躲在家烤火的，永玉却照常出工无误。

为了选视角，或坐或站，有时背靠粪坑，也得将就一点坐下来。下午回来时，裤腿衣边，常沾满了尘土和草屑。

这，又是一幅大画了，谁买得起？不过，家乡人似乎不关心这个，只要永玉不像凡·高那样穷苦就成了，大家希望见到的是第一流的艺术家而不是财主。

"表叔，我回来了！"

野外写生，从东郊凉水洞开始。沈从文墓地就在那一带。

沈先生去世时，永玉不在北京，后来几个人为沈先生选定墓址时，心里也惴惴然，永玉见多识广，弄得不好要挨骂，后来想，你不来，怪谁。于是释然。

这次，永玉夫妇带着儿子媳妇一道来了。目的之一，来看望曾多年与他们相濡以沫的从文表叔。

永玉夫人张梅溪老师带了黑蛮夫妇先几天去沈墓，她一见到那块当成墓碑的天然巨石，听到说她表叔就在那巨石背后泥土中时，她哭了。

永玉先看沈从文旧居，看到一幅沈先生和张兆和先生五十年代初的一张照片，他记起了那时沈家手头的拮据。五三年永玉从香港到北京，开初寄居在沈家，人年轻，不懂事，有天，张先生为难地说："永玉，你去买袋面粉来吧！"他才意识到揭不开锅了。在看到一张直径二尺多点的小圆桌时，永玉说，苏联第一颗人造卫星上天时，他和刘祖春，还有另一个同乡在沈家聚会喝茶庆祝，就是围着这张桌子，沈老一时兴起，竟对当时任中宣部副部长的刘祖春说："我想入个党，作个纪念！"这样一个纯真的人离开了人世，永玉走出堂屋时，叹了口气。

写生从凉水洞这里开始，很有意思。

沈墓环境静寂，竹丛中有鸟叫，石隙间有流泉。永玉匆匆地上完了两旁种着杂树、挂着迎春花藤的几级石阶，到了种着铺地松和广玉兰的沈从文墓石前，放轻了脚步，怕惊动了什么似的。他那可亲的表叔就长眠在这里了吗？当然不假。他抚着那厚重的天然巨石，轻声说了句："表叔，我回来了！"

脱了帽，头发花白，深深地三鞠躬。

再向墓石后走去，注视着那巨石后的一片泥土，沉默着，长长地叹了口气。然后，抬手轻轻拍了拍那墓石："表叔，我走了。"

墓石边，他发现比他先来的人在那里呈放了小小的一束油菜花。

在沈墓入口处，他将一株主干盘虬，枝条飘逸，正待绽叶的小树收入了他的写生长卷。

这次回乡，他写好了一句诔辞献给沈墓，待石刻了再安置在一个适当的地方，那诔辞是：

"一个士兵不是战死沙场便是回到故乡。"

这几天，天晴日子多，柳树正在泛绿，永玉也正加紧画他家乡这一条小河的两岸人家，当这长卷完成之日，又将临近他再次离开故乡的时候了。

再见，再见！说的是今年8月要来，到时大家又见！

1995年3月6日

为艺：世界有了我，变得好玩了一点

回乡，为了快乐，也为了捡本事★

"凤凰是个美丽的小姑娘，就是不洗脸！"

若干年来，永玉因见故乡常与其他"脏乱差"的小地方相提并论，不免感叹，其名言之一为："凤凰是个美丽的小姑娘，就是不洗脸！"

作为一个走南闯北、见多识广的艺术家，永玉慧眼独具，即使这小姑娘衣衫褴褛、脸上被弄得花不溜秋，他仍看得出她丽质天成，只是不洗脸。多年来，永玉为故乡做了许多好事，概括说来，就是帮这小姑娘洗脸和哄这小姑娘自己洗脸。

二十世纪八十年代初之前若干年间，在中国，电视远未普

★本文原名为《故乡月明——黄永玉与"凤凰"，兼答友人问》。

及，偏远地方的百姓要想见到国家领导人的风采和祖国形势如何一片大好，都得靠北京中央新闻记录制片厂制作的电影纪录片才可满足。那时，全国各电影院或农村电影队放映《地道战》《地雷战》《南征北战》之类故事片前，必先放映这类新闻纪录片。音乐响处，三个挺胸亮脯，挥手指方向的工农兵塑像缓缓旋动推出，然后是国家领导人出场，或端坐讲话，或与外宾握手甚至不太自然地互相拥抱，再或是工厂钢花飞溅，或是田野麦浪滚滚，一片喜悦。这是一种政治导向鲜明，拍摄态度严肃的正片，这种片子的生产，好像一直延续到八十年代中期。

大约也就是八十年代中期，某天，凤凰人看电影，音乐响处，三个挥手指方向的工农兵塑像旋动推出后，宽大的银幕上频频出现的竟是长期在外地靠画画谋生的凤凰人黄永玉。七十年代初，他还因画猫头鹰惹过祸，曾几何时，如今在电影里竟变成了"正面人物"，而尾随其后的则是几位长期蛰伏故乡，土气洋溢的染布的、吹画的、画镜面花的年轻手艺人，真是将相无种、时来运转。那年月，就连省委书记也极难在电影上亮相，哪像如今电视这般普及，不必说从中央到地方的领导如何可以天天亮相，就连一般人，包括一些脸长得比较好看或不太好看，会假笑甚至假唱的男女，也可以在电视里频繁地"闪亮登场"了。

凤凰人在那时挤进了电影，实属史无前例，真是受宠若惊。

同样让当地人兴奋的是，永玉几个人的活动背景，竟是自己这座地处湘黔边境万山丛中的小小凤凰石城。银幕上那山，那水，那木楼青瓦、石板小街，那夕阳中的残墙古堡，还有那用绣花衣和银首饰打扮起来的苗家姑娘，一切显得那么迷人，令当地人不禁感叹："想不到，我们凤凰这点景致，进了电影，真还有点看头啊！"

这个专题新闻纪录片可放二十来分钟，片名叫《画乡》。

凤凰是"画乡"，"画乡"在凤凰。"画乡"这一美名在全国不胫而走，外地美术院校的娃娃们，认定"画乡"是孕育大画家的风水宝地，于是络绎不绝地背着墨绿色的大画板前来写生，沾点这地方的灵气。这些人来后，见果然名不虚传，兴奋之余，纷纷在老营哨傍河一堵近百米的废墙上题写自己院校或个人大名，作为"到此一游"的铁证。不到几年，墙上已密密麻麻、色彩斑斓地题了上千个名字，也为当地增加了一份的确风景如画的明证。另外，一些衣裤上口袋多如补丁的影视制作者们，也从电影《画乡》得知这里风光极佳，且还有全国稀见的残城古堡，于是前来摄影或选拍外景。这点热闹，为倒霉多年、寂寞多年的凤凰人恢复了一份自豪，而当地卖粉面的、卖油粑粑的、卖酸萝卜的，以及县里那廉价的招待所也随之生意兴隆了许多。

《画乡》这一电影的播放，无异于给凤凰这个美丽的小姑娘用香皂洗了个脸，就说是淋浴了一番也不过分。试想，电影首映的十余年后，当地向国务院申报"国家历史文化名城"时，如果缺了"画乡"作为一种铺垫，谈"文化"，岂不少了一份富于说服力的活证据。

我认为，目前看来，这是热爱故乡的永玉，带领着几个年轻艺术家为家乡所做的一项影响极大的贡献。

不过，厚道的凤凰人见外地人如此远道而来，花钱吃住，还对这里山水风物毕恭毕敬，不免觉得东西少了，对不起人。一些上年纪的人开始感慨甚至愤怒，近几十年来，凤凰风景和城里居民被折腾得太厉害了。现存的古城东门到北门的城墙，如果不是因逼近沱江，有防洪作用，那肯定也会如南门到西门一样，被拆了把石块搬去修了什么机关大院，或卖钱填补了某年的财政亏空。至于城郊的一片古木参天、郁郁葱葱的南华山林区，在大炼钢铁时不曾被剃光头用去烧炭，这实赖于当地人格外迷信而顽固，认定风水事关子孙万代，加上个别负责人也还明智，才有幸得以保存。至于也让外地人流连忘返的明清时代老街古巷及河边那几排十分入画的吊脚楼之所以还在，则有赖于小城百姓几十年来绝大多数都穷得叮当响，除了蜗居于祖宗留下的老房子里过日子，实在别无他法。

再不宜以什么"革命"的名义把最后一点精彩破坏了，再不宜在这美丽的小姑娘脸上肆意抹黑了。

　　一次，永玉兴致勃勃带了北京文化界几位朋友到凤凰欣赏家乡美景。原先，出小城东门，顺沱江而下十余里水色青碧的河湾处，水中有一片绿洲，河岸有几株高大的鬼杨柳，其中一株，两三人方可合抱，其枝丫横斜，荫及半个河面。树荫下有一小小木屋，为一座碾房，傍碾房不远处，又有一小小渡口，野渡舟横，地方幽静，如诗如画。不料此次去看，大树虽在，碾房荡然，问乡人何故，答曰先一年某电影制片厂的人来选拍电影外景，剧情只要这树、这渡口，不要碾房，因此出了几个钱，请小工拆了！这事真令人扫兴而且丢脸，永玉大怒，要状告仗势欺人的制片厂，不惜太岁头上动土！

　　二十世纪九十年代初，永玉凭童年记忆画了一本《永不回来的风景》，画的是几十年前家乡人都熟知的动人风物，如今是"永不回来"了。他要用这告诉世人，我们这地方过去是"有文化的"，同时他要用这作品在凤凰"唤起民众，共同奋斗"，群起保卫现存的好东西。当然，他无疑也用这小册子清算了一下愚蠢的假革命对本地所造成的损失或曰罪行！

　　外地人给凤凰这小姑娘抹黑，永玉不能容忍，对家乡人的这种表现，当然更不客气了。

　　几年前，一次傍城大河水位下落，水色发乌，水草丛生，上面飘挂着菜叶、鸡肚鸭肠及各色塑料纸袋，百姓哗然。永玉家五弟电话提醒我："暂时别回凤凰，河里臭气冲天。"当地有关人士似乎迟迟无计可施。永玉恰恰回乡见及，一日，愤然提了相机，沿河拍去，然后将厚厚一沓不堪入目的照片寄奉当时的湖南省委书记，呼吁过问，不料正值这位书记工作变动，事遂寝。

也是恰巧有事，不久，凤凰人发现中国某大报上刊发了新华社记者的一张新闻照片，照的是沱江河面的污秽，下面批了一行说明："沈从文故乡的水不再清澈。"真丢人！那期间，正值凤凰拟向中央申报本城为"国家历史文化名城"，这照片刊出，后果难测，当地有关人士审时度势，果断行动，带领全城各科局干部数百，下河割草、捞垃圾，场面壮观。同时，还加快了对上游的整治，效果显著。

不过，事情总令人感到蹊跷，新华社记者何时到了这里，还干预起这偏远小城的清洁卫生来了？想象极丰富的当地某些人，不免疑惑起永玉这一倔老头来，是不是他回北京使的坏？

当然，此事至今尚未明晰，也不必追查，不管怎样，如今河水已清澈可人。自从国务院批准凤凰为"国家历史文化名城"后，这里随之成了"著名的旅游景区"，游人如织，沱水清流还可以卖钱了，在上面泛舟三五里，收费高达三十余元，遇上节假日，数十条蓝色布篷的小游船还忙不过来。

凤凰这位美丽的小姑娘终于主动洗脸了。不过，我总有点担心，怕她兴奋中擦口红、画眉毛，甚至割双眼皮。湘西的张家界森林公园曾一度如此，可谓前车之鉴。

永玉为家乡兴旺卖力，可说是数十年如一日。除了以一个百姓身份，与一些同乡共同激烈反对种种不当举措外，也还以自己一个手艺人的本领，为家乡尽着绵薄之力。

当年，凤凰还默默无闻、穷困非常时，争取上个大一点的建设项目也极为难得。地方领导出于无奈，有时也会找上门来，或自己不上门，托请永玉那在凤凰当小官的五弟永前代言。他们先向永玉"汇报"拟建项目如何有利于凤凰发展，让永玉听得眼睛发亮，接着说地方如何穷，也缺名优土特产，而上面主管项目审批者文化品位恰恰如何如何高，对永玉先生的画如何如何心仪已久，最后才吞吞吐吐说出可否请黄老随便画点什么相赠，以表地方恭敬。这种引君入瓮的"汇报"模式，曾屡见奇效。

如今好了，美丽的小姑娘主动洗脸了，偶尔还抹点口红。

凤凰形势一片大好，不是小好，用得上永玉的时候也更多。兴奋中的永玉频频回乡，手忙脚乱，花样百出地帮起忙来。题匾额、写对联、拟碑文、画壁画、作设计、搞联络、引外资，还在凤凰县电视台举办电视讲座，谈古城保护如何可居而后可游的道理，真是无所不为。县里一位负责人接受他的建议，把横架在沱水清流上的古虹桥照老样子恢复且建得更好了，给凤凰这美丽的小姑娘加戴了一条亮闪闪的项链。永玉高兴地为这负责人的功德作古体诗一首,并用毛笔宣纸誊好相赠,以表达一个普通凤凰百姓的感激。

"无论走到哪里,都把你想望。"

在"文革"前若干年内,国人大都忙于为"解放世界上三分之二未解放的人"而革命,或忙于被人革命,反正特别忙。一个在外地工作的人,顾及年迈父母,想到可爱故乡的时候也极有限,何况思亲思乡的离愁别绪还是小资产阶级思想,与无产阶级思想是格格不入的。

那年月,永玉回乡次数不多,当然也还有教务缠身的实际困难。据他写的《堤溪雪霁》,可知他在"过苦日子"时,曾带了自己一个学生回到凤凰写生,这在他较早一本画册中那组十分精美的线描凤凰小景里可得到证实。接下来一次,则是二十世纪七十年代初,永玉因"猫头鹰事件"发生,在等待审查结论的间隙,回来了一段时间。

"文革"后,人们得到了"第二次解放",恰如永玉在《永玉三记》一则短句中所说:"孙悟空自从逃出老君炼丹炉后,就再也不回原单位上班了。"他也不再回中央美术学院教木刻了,而是在国画方面大显神通,写诗作文,自由自在,回乡也频繁起来。1982年沈从文最后一次活着回来,就是由他保驾,并落脚于他家那栋古椿书屋里吃住。

1989 年春夏之间，永玉从北京回凤凰，再去香港，又辗转欧洲，浪迹天涯。这期间作画题名常署为"湘西老刁民黄永玉""凤凰老刁民黄永玉""凤凰文星街黄永玉"，可见出他在外对故乡的忆念，也印证着他为自己母校文昌阁小学所写歌词中的一句："无论走到哪里，都把你想望。"

永玉去国六年，回来时，拿出了许多艺术精品，有国画、油画、速写、雕塑、散文，还有长篇小说《无愁河的浪荡汉子》《大胖子张老闷传奇》的精彩章节，令人惊喜。

近些年，永玉名声日隆，加之当今人们追星成风，永玉也成了传媒竞相报道的对象。永玉回乡，常常前脚进屋，电视台、报纸的记者们后脚就跟进了，有时还是陪同前来，全程追访。这让我辈乡巴佬们得以见到不时有从中央到地方到香港特区的两三架，甚至三四架摄像机同时对准了他。不知为什么，我总觉得装上长焦镜头的照相机，扛在记者肩上或装在三脚架上的摄像机，它们像火箭筒，像机关枪，想象中，它包含着某种危险。不过，身陷镜头重围的永玉是习惯了，知道这些镜头无不充满善意，因而谈笑自若，有问必答。

"黄老黄老，我们发现您跑家乡特别勤，这是为什么呢？"

多次听到采访者一本正经地这样提问，我总认为近乎追问小孩为什么喜欢上外婆家一样，谁认真想过？ 一听这类提问，我便散了神，从没听清永玉答些什么。

两三年前，一次在他夺翠楼的小小客厅里，又是几台摄像机对准了他，其中一台拟拍他一个专题片，为保持镜头拉推的稳定，摄像机安在可旋转的三脚架上，如旧式的马克辛机枪一般。我靠边在那台"马克辛"后面坐着，没听清他们追问永玉什么，永玉可能回答得太多太久，想舒缓一下，或因烟瘾发作，要重装一袋，他突然指着我："这问题可以问他，他了解！"此言一出，"马克辛"突然转过来对着我了，我莫名其妙，什么也没说，目标又转回了永玉。

采访散场后，永玉上楼休息，那记者走近我，亲切地问道："据说黄老回来，你常在座。请你说说，黄老为什么这么喜欢频频回乡呢？"别人态度这样好，我只能如实相告：是的，永玉一回来，我常放下手中工作，从吉首大学赶到凤凰凑热闹，因为搭帮永玉，可以有吃的、有看的、有听的，偶然，运气来了，天上掉下馅饼，各拿各的。当然，更要紧的是，名师难遇，我要向他学习，解放思想，变聪明点。以上原因，促成我"十次干塘，九次在场"，十分高兴，高兴得从不想永玉为什么喜欢回来。

由于答非所问，记者失望，表情也亲切不起来了。当然，我并不在乎。

不过，事后还是反省了一下。平日我只注意永玉为故乡"洗脸"这类现象还是不够的，记者所问永玉为何如此热爱故乡，频频回来这一问题，值得想想。

　　我想，一个人背井离乡，外出闯荡谋生，追求功名，受了挫折，常常会被动地或主动地回到故乡。凤凰先贤中，那位一品大臣贵州提督田兴恕，因杀了天主教教民和一个法国传教士，闹了个"青岩教案"，紧接着又闹了个"开州教案"，被充军新疆，后蒙皇上开恩，以"遣返原籍，交地方官管束"告终。又，那位在清末当过翰林，民初当过国务总理的熊希龄，在清王朝当差时，曾因反对《马关条约》和参与"戊戌乱党"两次被革职，每次都落了个"遣返原籍，交地方官管束"。"遣返"，当然属于被动，不过他们一回原籍，倒备受家乡人敬重，得其所哉！"文革"中，永玉陷入"猫头鹰事件"受到政治审查，结论尚未下达前，他主动地回到凤凰，显然，冀望得到母土的抚慰，这是人之常情，家乡人谁也不认为"睁只眼，闭只眼"的猫头鹰会"反党反社会主义反毛泽东思想"。几个曾受永玉影响而爱作画的年轻人还是围着他转，他们哪懂得当时"政治"的厉害，以为就算永玉有错，最坏下场也不过是打烂饭碗，"遣返原籍"，于是前来为永玉壮胆："不要怕，回来，我们砍柴养你！"可见犯了错误，回到家乡，总会有口饭吃。那一次，永玉与这些人混在一起，闲来无事，还作画相赠，没料到"政治"果然厉害，专政部门很快前来追缴新的"黑画"，几个得画青年就是口硬，咬定没有。其中一个胆小怕事的向公安坦白交代，承认得画，最后几句是："我家住在小河边，前不久涨大水，我家连一头肥猪都冲走了，哪顾得上画。画，不就一张纸吗，还有一头猪值钱吗？"实际上，画被高高藏起，何曾冲走？在北京，永玉画一张小小猫头鹰就会有人偷走告密求赏，相形之下，在家乡安全多了！

我又想到，一个人，在外面混得顺利，有了本事，有了成绩，产生一种回乡建设或向家乡人汇报的愿望，也是人之常情，更是凤凰人的一个传统。当年留学日本的田应昭、田应弼、田星六等人，最后都回到故乡，为湘西的政治、军事、文化、教育做出了开创性的贡献。从地方这一传统看来，走南闯北的永玉频频回乡，用自己的手艺、自己的见识、自己的影响为小姑娘"洗脸"，不怕劳神，不怕开罪于人的种种行为，也就不足为奇了。

1986年，永玉在意大利开画展，大获成功，得该国授予"总统勋章"一枚，授勋致辞时，永玉首先感谢的是故乡养育之恩。不久，他更是辛辛苦苦、高高兴兴地将在意大利展览过的作品选运一批回乡，在县城中一个小小空坪里拉起绳索，因陋就简，如"文革"时挂大字报般把那些精美之作悬上，"向家乡父老汇报"！

当然，一个人回乡，包括永玉，不会仅仅局限于遭了挫折回来避风，有了成绩回来汇报。

一个人在外奋斗，环境所逼，有时得拉开架势，扮演特定的角色，引出有意或无意的自我放大、自我扭曲而失去"本我"，静夜反思，不免失笑。回到故乡，山川依旧，处处与童年印象和情感相连，且旧日朋友模样虽变，关系却极易在不知不觉间凝定在数十年前，这状态，自然会牵引着自己回到幼年那惹事频繁的顽劣时代，情绪松弛，机心顿消，变得本色可亲。

永玉回乡，家中常聚集着亲朋好友七八人，十来人。冬天一盆火，两盆火，夏天几杯绿茶，几片西瓜。除了有讲不尽的外地见闻，本乡近事外，总爱把那童年记忆中的一条条街道、一户户人家进行排查，查出那或肥或瘦或高或矮的可怪可笑人物，一一道来，绘声绘形，辅以模拟表演，走台步以作亮相。此技永玉擅长，传神处，大家笑得前仰后合，欲罢不能。又或把当年城里城外好吃好喝的小食品，从其摊点规模、色香味形、摊主神气以及自己小时那点又穷又馋的无奈心态，点点滴滴细作追忆，再次取得"过屠门而大嚼"的效果，开胃至极！

那年月，凤凰孩子真穷，穷而又馋，不免对郊野有主的果园也起了歹心，铤而走险，悄悄上树，突然守园人放出狗来，大家慌不择路，四散奔逃。至今回忆，余悸犹存，恍如昨日。

还有，当年城外若干庙宇中的菩萨、鬼卒、和尚、尼姑、道士，几乎都熟悉，值得怀念。又还有那碾坊、油坊、皮革作坊，其香味臭味，也令人难忘。至于说及年节盛况，就更让大家眉飞色舞了。

再或遇上天气晴和，以永玉为首，选一风景幽雅的河滩，去那里"打波斯",吃全羊。届时,二三十,甚至四五十个朋友和朋友的朋友闻风而至。少数几个在河滩上安灶架锅、掌管煮羊肉熬稀饭调辣椒的热心分子,被烟火烤得汗长水流,令人同情。而多数负责白吃白喝的人,则三三两两做出不同组合,摆出不同姿态与永玉挤在一起合影留念;或在浅滩边玩水,在草地上打滚;或低声哼曲,或仰天长啸;再或翻身躺下,四脚长伸,什么也不做,专候开餐。如此种种,与两千多年前孔子所向往的"暮春者,春服既成,冠者五六人,童子六七人,浴乎沂,风乎舞雩,咏而归"这类雅兴,是一脉相承的。不同处,我们人多势众,且有大块的肉,大碗的酒,大瓶的饮料可吃可喝。

上得街来,偶遇多年未见的故旧。"阖家满满!有空请到我家坐坐。""慢来!'行客拜坐客',你先上我屋里!"你远道回乡,得先上他家拜望,这是何等的古典!又或你在街头巷尾,满口凤凰土腔与人交谈,说不定会意外地受到在旁的长者赞扬。"这子弟还可以!出门多年不撇'京腔'!"此类标准,又是何等素朴!

永玉回到故乡,和亲朋好友聚在一起,其乐也融融。即使与素不相识者偶遇,甚至与不曾谋面者之间的关系,也常充满了一种土气浓醨的亲切。

一次,永玉在河边写生,一位上了点年纪的同乡抱一小孩在其身后观看良久,情不自禁赞曰:"嗯,不错!"永玉立即兴起,回头说:"既不错,卖给你如何?"于是议价,永玉开价便宜,不及所费纸钱，不料乡亲嫌贵，实话实说："哈哈，两块钱，两块钱我可以买一斤猪肉了，你这画呷得？"这乡亲走后，永玉对陪他来写生的朋友说："真危险，如果那人肯出两块钱，说话算数，这画就得给他，一上午的工夫就泡汤了！"幸好生意不成，还倒赚了一声"不错"，令人高兴。

一天傍晚，永玉牵了两条硕大如虎、那段时间寄养在他五弟家的黄色洋狗到城中广场溜达亮相，众乡亲围观称奇，七嘴八舌，不料一壮汉顿生歹意，也是实话实说，大声嚷道："我崽！咯子肥，怕不有二十个人（够二十人一顿）！"几近煽动，引得永玉警惕。另一回去广场，人问："你这狗打得赢我的狗吗？"永玉回答说："来呀！架口大锅子，谁输了就下锅子如何？"

在家乡，有不少虽不曾与永玉打过交道，但却对永玉各方面都十分关切的人，这些人所营造的一种气氛，也是温馨的。八十年代初，某次我返乡躲在县招待所写关于小城的文章，休息时，曾与一位中年服务员讲到永玉，她突然压低声，郑重其事地问我："刘老师，你说，黄先生靠他画画，在外面能讨呷吗？"见我惊讶，她接着说出了自己为之操心的原因："他的画在广场挂出来，我去看过，平日，都说他荷花画得好，我注意看了，画那些荷花，叶子都像烂斗篷一样！"斗篷，在我们家乡指的是斗笠，怕我还不清楚，又补充说："像我们乡里那种用粽巴叶做的烂斗篷，人家肯出钱买他的吗？"我被她这实话实说惹笑了，连说"有人买，有人卖，还很贵"，让她放心。她的话，可惜永玉不曾听到，如听到，一定也会为这份善意关切大为感动。

够了，这类琐事太多。永玉回乡，且不说与亲朋好友，儿时伙伴天南海北地乱扯，或结伴郊游，令人兴奋，仅平平常常、自自然然在这些古典素朴、实话实说的熟人或生人中泡着，也是如坐春风了。

我想，以上种种，用于回答记者关于永玉为何频频回乡的提问，大概是可以了吧？一言以蔽之，频频回乡，为了快乐！

在外面把本事用完了，回来再捡点！

永玉回乡，为了快乐，我以为这看法足以回答记者相关提问了。不料，偶然见及一篇采访文章，永玉答近似的提问时，竟说出如下一句新颖的话来："在外面把本事用完了，回来再捡点！"语焉不详，本应敏感的记者也疏于乘机追问。

我感觉得到，这话有点意味，只是不曾认真去想。

两年前，中央电视台一专栏记者到凤凰考察"明清边墙"，工作结束后到吉首找我交流，谈话间，他说："你们湘西地处偏远，文化落后，民变蜂起，弄出个'边墙'来，这好理解，只是怎么还会出个沈从文？又还出个黄永玉呢？"显然，他也读到上面我提及的那篇采访了，所以又加了一句："你们黄永玉还说，在外面把本事用完了，回来捡点儿，捡什么嘛，嘿，莫非夸张吧！"

这朋友说话直率，同时也有些刺耳。毕竟是搞"探索与发现"的，比一般记者更爱思考。

和他谈话，我深感湘西，包括凤凰，若干年来所受误解太深，模糊记得有人说过"湘西是中国的盲肠"，我不敢苟同。我认为这句话就不对。我猜想也可能几十年前，湘西几时得罪过他，或湘西某人得罪过他，让他讲出如此刻薄话来。近若干年，由于某些武人贪功，不惜夸大湘西匪情，某些文人则曲意逢迎，著书立说，直至拍出电影电视，肆意虚构，以证实这"盲肠"还是发炎的。这样一来，湘西这地方一切庄严的、美好的、健康的东西，被他们抹杀得一干二净。

那天，我与这位记者就湘西，特别是就凤凰的历史文化谈了许多，唯独关于永玉"捡本事"，捡什么，向谁捡，因不曾具体思考，无可奉告。

的确，在当今凤凰，谁堪作永玉这位艺术奇才的老师？

这问题，曾想直接去问永玉，很快变了主意，决心自己来琢磨。

我首先想到的是家乡的一位疯子。疯子，当地人呼之为"潮神"，很准确的一个词，这疯子发疯，一年只两三次，每次十天半月，如涨潮一般，来时汹涌，退后平静。这疯子姓侯，大家呼之为侯潮神，忘其本名。他不仅疯，而且哑，清醒时，气度平和，勤奋劳作。冬天扎制狮头龙头卖钱，其制品形貌威猛，金碧辉煌。春天来了，他做风筝卖给我们这些孩子，风筝上所画人物姿态雄强，线条圆活，色彩艳丽。我的印象，他画的孙悟空、猪八戒、哪吒、二郎神等，绝不比当代大画家张光宇画的这类人物差。只因手边已无实物作证，我才不敢说比张光宇画得更好。永玉回乡，也不免与大家经常怀念起这位当年孩子们心中的艺术旗手。早先，永玉奇怪这疯子的画，其线条色彩为何古典得近似永乐宫壁画，他这位既穷且疯的人何曾有机会见到这些艺术？近些年，我们终于弄清楚，直到二十世纪三四十年代，凤凰文化的主体还是两千余年来曾覆盖整个沅水流域的一支活生生的楚文化。且不说活跃于小城的充满神秘色彩的宗教，不说那满城人专诚得无以复加的信巫好鬼的习俗，仅看其林林总总的民间艺术，其彩绘、雕塑、刺绣、织锦，将它与湖北荆州博物馆、长沙马王堆出土的相关楚文物比较，无不见出其一脉相承的种种神采。不同的是，在凤凰，楚艺术还是以一种全方位的氛围状态存在着。凤凰小城，实际上是一所没挂校牌、没有固定课堂、没有专职教师，也不要交学杂费的楚艺术学院，它敞开招生，不论男女老幼均可就近入学，比近几年中国把大学当成大众化产业来办还敞开得厉害。而我们的侯潮神，则是这所楚艺术学院的高才生。由这一感悟出发，联想起在集美学校读初中频频留级，饱受委屈的永玉，其实也是从家乡这所不要考试，不要交费的艺术学院毕业的高才生，比起侯潮神，只不过低若干年级罢了。

我想，永玉说回来"捡本事"，与重返母校"回炉"近似。家乡楚艺术的种种神采，早已细雨润物般进入了他的心灵，形成了他特有的审美视角和审美趣味。家乡这所艺术学院，虽已为假历史唯物主义者们弄得面目全非，但消灭一种文化谈何容易，余下的片羽吉光，闪闪烁烁，仍能使熟悉它的人得到鲜活的启示，从中受到教益。

由此看来，越偏僻，保存传统文化越多，所以说是得到地方落后的好处。反之，正反面都受到伤害。

思路一敞开，想到这楚风楚韵的凤凰文化堪当永玉的老师后，也就顺势想到了凤凰人群体性格对永玉的影响，也是必然的。

凤凰人雄强尚义、开朗快活，常常还是穷快活的主流性格，足以对抗柔弱小气、浮华轻薄的世风。这对于一个常年在外地茫茫人海中孤军苦斗的子弟说来，保持这种性格就格外重要。回到家乡，与大家相处，有助于重温和强化这份美好性格，不也是"捡本事"吗！难怪永玉回乡，与大家对一条条街巷的人物进行排查回忆时，除了会讲到城里的大角色如田兴恕、熊希龄、陈渠珍、沈从文等人外，更多时候，还是眉飞色舞地大谈间巷间那些地位与大家彼此彼此，行为却可笑可敬的凡夫俗子。

如当地那位武术名师吴丹云，头顶打粑粑用的石槽（一般重一两百斤），还能打出一套少林长拳来。吴家境贫寒，却行侠仗义，虽拳脚功夫不差，但苦于无书中侠客那种身轻如燕、飞檐走壁之术。一日顿悟，提了家里一大竹制簸箕，爬上高树，拟练就驾"簸箕云"之奇招，实现自己来去自由，制恶人于莫测之境的理想。不料第一次试驾即惨遭失败，连人带簸箕一起坠地，好在簸箕不烂，人亦不死，仅留下一笑柄而已。细想起来，连个愚公移山，都能被标榜为中国人的楷模，吴某这雄强理想，创新精神，为何不堪称一流！

又如，唐二相，不知其学名，"二"者，大约在家排行老二，"相"者，当地土语，指言行有悖常态，却自得非凡之意。唐职业为一更夫，每夜在城外高处为全城人打更报点，白天下得山来，虽疲倦得睁眼难开，还是要坚持在街上晃荡一番，以便见到熟人，对其报更梆点"密"否做出评价，特别是三更打那一阵，自认十分认真卖力，"密"如啄木鸟深山啄木，应属极品，希望得人高度肯定。对方如说三更睡熟，浑然不知，唐必恳请对方"今夜惊醒点，三更再听"。事虽不大，追求完美，执着可人！

再如，一佚名壮汉，肺活量大，一日受人恭请，吹一刚杀之超大肥猪，以利刮毛。壮汉欣然上前，提气鼓腮，频频猛吹，不料当他将猪吹得鼓胀如球时，自己却心力衰竭，倒毙于悬猪的木梯之下。"受人之托，终人之事。"令人肃然！

在凤凰，这类可爱人物，可谓群星灿烂，不胜列举。我想，善于学习的家乡子弟，包括永玉，定然会从这些人物行为中滤去荒唐，去粗取精，见出其雄强执着，包括穷快活的精华，这对于振奋自己，应付逆境，多么有用！

至此，我终于从永玉回乡与大家扯谈时常常谈及的风物和人物中，看出了永玉潜意识里对凤凰文化、对凤凰人性格的深切认同。永玉是这土壤的"衍生物"，他的回乡，到这块土地上来自自然然地吸取营养实在不足为奇。"捡本事"一说，并非中央电视台某记者所疑的"夸张"，而确是一句内涵丰富的大实话。

我为自己这点认识弄得兴奋起来，于是拉开架势，正儿八经地写出一篇探讨永玉取得如此这般成功与家乡深层关系的论文提纲来，又得高人指点，题为"一个街坊人眼中的黄永玉"。更出格的是，兴奋中我竟麻着胆子，从吉首跑到凤凰去，当着永玉和永玉朋友们宣讲了一番。讲完下台，泄了气，开始冷静，深感自己行为有点轻率，甚是不安，因此无心向任何人征询什么意见，第二天一早便乘车回了吉首，闭门在家，半月不出。

半月中，反复审读自己这个论文提纲，终于发现，从永玉回乡"捡本事"这一角度看，我所说的，实有疏漏，由于论文提纲公开讲过，木已成舟，不便添加，因此，决计在本文中补充说出。

沈从文先生曾对我说过："我们凤凰人讲话，写出来就是文章，是书面语。"当时，我似懂非懂，也未细想。近些年，永玉和我谈及写作，介绍经验说："你遇到写不出时，就用凤凰话写，一下子就写出来了。"另一次又说："文章写不通时，你就用凤凰话写，换上凤凰人解决问题的思维，一下子就通了。"这是何等神奇！细细想来，却十分有理。文章写不顺手，除个人相关知识不够外，往往是思路放不开，或因陷于"导向"的纠缠，或因囿于"权威"的定论，或因害怕有违时忌，又或因语词缺乏灵动活力，种种局促，自然引得行文黏滞，失去神采。而凤凰话因与凤凰人的霸气和灵气长期胶合，互为因果，因此，一旦换上凤凰话来表达，同时也就大致换上了凤凰人特有的、无拘无束的霸气和灵气，此时作文，何至不通？永玉对此，一定屡试不爽，用之讲笑话，写文章大获效益，因此，已敢于公开这一秘诀，在《永玉六记·汗珠里的沙漠》中，他说："要是湘西土话别人完全听得懂的话，我写起东西来简直像长了翅膀。"

想想看，对永玉说来，家乡语言如此神妙，他能不常常回来，在这一活生生的语言环境中对其反复品味、领受教益吗？疏离了它，岂不可惜之至！

还有什么值得永玉回乡向它"捡本事"的内容吗？

有，还是一项十分重要的。这便是当地雄奇与秀美并存的山水了。

永玉曾两次听到新西兰老人艾黎说："中国有两个最美的小城，第一是湖南凤凰，第二是福建长汀……"他是以一个在中国生活了近 60 年的老朋友的身份说这番话的，这一经典性的评价，如今流传甚广。近几年，永玉曾几次对我提及："古典诗词中许多景象，我们凤凰都有！"此话不假。我们家乡有着绿如蓝的山，蓝如梦的水，基于这样的大格局，再从细部看去，那些个江碧鸟白、山青花燃、小楼春雨、深巷杏花、远芳古道、晴翠荒城、松间明月、石上清泉、曲径通幽、禅房花木，乃至渔舟唱晚、雁阵惊寒之类，何者没有！

凤凰山水，是诗是画，它构成了永玉写不尽、画不完的题材。《太阳下的风景》《蜜泪》中，关于家乡风景的描写，楚楚动人！在他的画册中，故乡的秀木疏林、浅溪深井、木楼小巷、青瓦石墙占了个相当数量。九十年代初，去国六年，再回乡时，正逢春寒料峭，抑制不住急于细看家乡风物是否别来无恙，于是一把矮凳、一块画板、一支笔，外加一盆炭火，沿河写生，整整半月，早出晚归，中午只吃几个油炸糕或几片红薯充饥，终于把城区两岸十余里的千家百户，一笔一笔，千笔万笔地收入画图，做成了四十米长的一幅《湘西写生》，并因陋就简地在本地体育馆乒乓球室挂出展览一天，向家乡父老及时汇报。

凤凰山水，其实不仅是永玉的诗画对象，更重要的还是孕育他灵秀之气的土壤，养成他艺术敏感的摇篮，与一份地方文化和群体性格一样，是他赖以成长的恩师。

近年，永玉出版了一本《往日，故乡的情话》，书中所记，为家乡风物给他的零星感受，诸如："秋天树叶一落，屋里宽多了。""毛毛雨，打湿了杜鹃的嗓子。""老营哨的鸡叫，梦里都听见。""大热天的中午，走过了拉胡琴的算命先生，通街的人午觉都睡得舒服。"这些闪着梦幻般微光的碎片，六七十年过去了，被他从记忆深处打捞出来，令人醉迷。而这种对事物细微特征的高度敏感，和由这敏感所带来的某种情绪的超常记忆，正是一个艺术家所不可缺失的基本素质。我问过永玉，《山鬼》那幽深泛蓝的色调何来？他说是六十年代回乡写生时，从离城数十里一个名叫大田的峡谷溪涧中所得。我专程看过，信然。而他所画荷花，光色斑斓，则源于幼年时，夏天在得胜营乡下外婆家，坐脚盆进入荷塘花叶深处所获印象。凡此种种，不就是山水风物所赋予他的一份灵气吗？对永玉来说，如不常常回乡，重温和强化这种敏感、领受教益，岂不也可惜之至！

　　两年前，凤凰人在永玉夺翠楼对岸东关门的旧址上，修了一间如阁似亭的木楼，这木楼前临碧潭柳岸，后依佳木秀林。当事人请永玉为木楼命名，永玉题为："山水讲堂。"我想到"阳春召我以烟景，大块假我以文章"，好山好水，确是一座给人灵性，教人懂得何者为美的大讲堂。这名字取得很俏，也属永玉自己多年来的一份实感。为庆祝这"山水讲堂"的落成和命名，永玉在这里为二三十位当地爱好美术和爱凑热闹的人讲了一堂艺术课，讲了几小时。可惜的是，当时无人为此作文记盛，写出什么"阁记""亭记"之类的美文来。据那天在场者言，课后，大家兴致仍高，吃掉一只肥羊。

一提故乡，他就眼睛发亮

（一）行文至此，我总算对永玉爱故乡和为什么这么爱故乡取得了一份粗浅的认识。生命之树常青，理论总是灰色的。面对永玉这样一个"生动极了""尽人情极了"的"人物"，我思考的触角，从那些相关的"琐碎"中，又能探求到多深的层面呢？难！即使我换用了凤凰人的语言，凤凰人看问题的方法，也难。

（二）不过，我总算想清楚了这样一个道理：如果说永玉回乡，与熟人生人混在一起，如坐沐春风，如置身摇篮，这方面他的感受和其他游子大都近似的话，那么，永玉所谓"捡本事"回乡，便是一位艺术家为使自己艺术活力不至衰变，而向家乡吸取特有的营养了。前者如属"一般"，后者便属"特殊"，正是这两者的结合，激荡成了永玉对故乡独有的非凡苦恋！

（三）在恋乡方面，我的印象，通都大邑出生的人与从小地方走出来的乡巴佬有别，党政军人士和艺术家也不同。前者往往不及后者那样表现得素朴深沉，深沉到甚至让人视为痴迷。

一位在北京工作的非凤凰籍湘西老人说及，和沈从文及永玉等人凑在一起，必谈各自故乡，其印象是"沈从文略好些，只有永玉，说起来什么都是他凤凰第一"！其实，沈从文不见得"略好些"。他在跟我忆及故乡时，也是孩子般眼睛发亮，快乐非凡。而我们家乡那位"湖南神童"，当过一阵子国务总理的文人熊希龄，欧美日本哪里没去过？中餐西餐什么没吃过？他有一句名言却是："家乡的胡葱酸乃天下第一好菜也！"

今天，想起这些事，不禁好笑，并突然联想起杜甫诗句"月是故乡明"来，同时顺手为本文捡到了一个有点意味的标题来，很好！

2004 年 3 月 22 日下午 6 时于深圳滢水山庄

不上课

不布置作业

不考试

更不发结业证，

全凭各自兴趣，

在东张西望、

东拉西扯中自由选修。

大师是个大老师

如今，传媒上已一再称永玉为大师了。何谓大师，不太好懂，姑且理解为大老师吧。

永玉多才多艺，五花八门，做他的学生，只要学到其中一两手功夫，衣食便不用发愁。

在家乡，有一批大大小小的朋友常紧跟着他，大约都想向他学点什么，我是其中之一。这样一来，他家近乎一个不定期开学的短训班，其好处突出，即不收学费，对个别有实际困难的还提供食宿。教学方式为不上课、不布置作业、不考试，更不发结业证，全凭各自兴趣，在东张西望、东拉西扯中自由选修。勤者无表扬，懒者无批评，不想学就拉倒，如此随意，当然快乐。

以下，且说我向他学什么，又学到了什么。

可以向他学画吗？

向永玉学习，首选当然是向他学画。

许多年前，他就是一位出色的木刻家了。二十世纪五十年代初，在文星街古椿书屋里，我曾看过他从香港带回的一沓木刻插图，那些有趣的狐狸、猴子、小朋友让我感到很亲切。五十年代末六十年代初，郭沫若那本《百花齐放》诗集中，他和刘岘的木刻插图，线条细若发丝，层次井然，引得我在灯下看了又看。另外一本粉红色封面的精装《阿诗玛》，较贵，我也买了，原因是书里有永玉作的七八幅彩印木刻。

六十年代初，一次，我去长沙开会，在永玉学生肖惠祥的画室墙上，见到他那幅两尺见方的木刻《春潮》。肖提醒我注意渔人手中抛出的那条系着鱼漂的细线，说是何等的繁复柔韧，盛夸自己这位中央美院老师的非凡功底。我听着，心里在想，永玉是我同乡，我早见过了，只是不讲出来，以免分割了主人应该独占的这份光荣。另外，我在猜测，她盛夸的那条线极可能是用大提琴粗弦蘸墨压印出来的，刻则有点不可思议，对这，我也不讲，初相识，怕万一讲错了出丑。

父是英雄儿好汉，果真如此。六十年代初，一本《人民画报》上，登出过永玉家黑蛮和黑妮两位小朋友的画，好像是获了个什么国际儿童画作比赛奖似的。黑蛮的《列宁爷爷打猎》，其线条粗重圆活处，近乎其父早期木刻。这画中，人和狗的行进形象，均为侧面，近乎皮影戏。

"文革"结束前夕，大批判层出不穷，见《人民日报》上一篇文章，谈阶级斗争新动向，说利用绘画反党也是一大发明，不点名地列举了几个例子，其中说到有人画猫头鹰如何如何。我从内部通报知道指的是永玉，事态当然严重，但总觉得永玉滑稽，偏偏抓住"开只眼，闭只眼"看世界这一细节作画，想笑，但是不敢。

八十年代初，我才知道永玉已将主要精力转向国画有些年头了，看来这一选择自有道理，也许这更便于他充分发挥从楚文化的艺术土壤中获取的那份奇幻瑰丽的传统，更有助于他恣意地表达自己一份澎湃的激情。他成功了，近一二十年，精品迭出，声名鹊起，成为大师。

向永玉学习，如不学画，未免太蠢！

画画的好处真多，据我几十年的观察，首先，干这一行政治上不易犯错误。在那个特殊年代，你画山水，虽然趣味和技法还是传统一套，但只消在山顶上插一面红旗，山腰上添进一部推土机，便算唱颂了社会主义建设。再或是把个黑土地、黄土地都染成红土地，也就算有了革命激情。你如画点花花草草，题上个"祖国万岁""百花齐放"，也就有了思想性。如画人物，你把工农手脚画大画粗，也就是赞美"咱们工人有力量"了。

再如果你专画领袖像，一代代画来，所受青睐就更不消说。"文革"中，虽说要批"黑画"，毕竟难于抓住确凿把柄，最后不了了之。其次，从经济上讲，画作过去可以赚稿费，如今更可卖高价。再次，从交友方面说，画上几笔，让他挂在书房客厅墙上，天天见到，可取得令人念念不忘的效果。最后，从绘画者身心方面考虑，外出写生，等于旅游；待在画室，则墙上挂的，屋角搁的，均属于自己审美感受的外化，敝帚自珍，无不辉煌，即使是空无一物，只看画盘上五彩缤纷的颜料，也会感到赏心悦目。

反正，画画真好！

在凤凰，爱画成风，当年比我大一两岁的同学中，滕兴良在幼儿园时即能画马打滚；马凤起在小学时能画戏曲人物，记得，其笔墨及人物造型近乎当今画家马良；刘登岳、再从文读初中时，一个能画山水，一个会画梅兰竹菊，均有模有样。可惜他们家庭出身欠佳，备受压抑，个别还因多嘴成了右派，有的如今虽还在画，大都因见识有限，学养不足，难成大器矣！受上述几位同学影响，小时我也爱画，1950年曾有人劝我母亲让我去杭州美专学习，因我年纪小，更因家里穷，没去成。长大后，没落下来，如今更是砚台没有一块，毛笔没有一支，仅余下一个爱画的情结罢了。

永玉的出现，令人兴奋，因为常有机会看他作画。他去野外写生，我兴致来了，十天半月地请假，不上班，不上课，跟着看。有时永玉作画，我站在他身后，他画一笔，我在自己笔记本上按比例缩小，也画一笔，过瘾而已。永玉专心画他的，不曾注意我这类小动作。一次被永前发现，认定这是班门弄斧，大声嚷道："大哥在画，这家伙也在画啰！想比赛是吗！"永玉听到，过来看看我的本子，一时没弄清是仿他的，竟说"画得也还有道理"。干脆抓过我的钢笔，在我本子上画上几笔，以作示范，并对永前等说："一友要画，说不定画得出来。画画要学问。"这是大师认为我有一定潜力了，只是还得加深相关学问。这评价，虽离我实际甚远，还是让人高兴。

可叹的是，高兴的时间不长，几天后，在另一情境下，永玉一句话，便让我降了温。

那一阵，连续多日在玉氏山房看永玉作巨型大画，只见他在画墙前，手握墨刷彩笔，上下矮梯，纵横涂抹，恣意渲染，如小泽征尔指挥演奏般精神十足，自由潇洒。我看得入神，受到启发，自己脑中出现了一片风荷意象，恍惚间，有种冲动，想拿过他的刷子，也来表演一番，只担心没有技巧，落笔之后不知那点气象还能保住几分？此时，恰恰永玉停下来审视画面布局，我的一点潜意识竟化成如下一句话脱口而出："永玉老师，如果早些向你学，说不定我也能来几下了！"

现在回忆，此言冲着大师说去，实属大言不惭，有失谦谨。

这近乎把永玉几十年辛苦练就的功夫简化成"来几下"，未免太轻巧了。当时，永玉反应极快，笑了笑，凑到我耳边悄悄回敬了一句："那么，你就可以搞钱了啰？"

真厉害，只一句，便成功地把我的美好愿望扭曲成红眼病，瞬间由"崇高"栽进"滑稽"，猝不及防，忍不住笑出声来。"好快刀！"

子云："我讳穷久矣，而不免，命也；求通久矣，而不得，时也。"所谓"穷"，在现实世界中，不就应理解为缺钱么，关于这点，我早认"命"了。至于"通"，几十年来，我从未"通"过。试想，一个常人，谁拗得过"命"和"时"这两个庞然大物？

永玉的笑言，毕竟对我产生了良好效应，它推动我"力求严肃认真的思考"，再次务实地权衡了一下，应否被他的精彩绘事所牵引，产生什么"来几下"的念头？

我很清楚，若干年来，自己的饭碗和思维习惯早已凝定在另外的行当上，如改行学画，即使目标低悬，画出些没有个性、没有情趣、没有见识，甚至永远摆不脱《芥子园画谱》之类窠臼的东西，有什么价值？再或哗众取宠，东施效颦，十分做作地画出些并无自己独特感受作为依凭，却七歪八扭的所谓"变形"品类，能在市场上找到销路吗？没有自己的灵气，没有若干年的苦打硬拼，想在当今这样拥挤不堪的画坛上谋衣谋食，谈何容易！

再或退一步想，仅为快乐而画，当个业余爱好者也未尝不可，只是那笔墨纸砚，画毡颜料，得投入多少？一旦想要外出写生，差旅费向谁报销？我穷，哪来这笔闲钱！

那么，什么是我的最佳选择呢？

这倒简单，还是像往常一样，到某个大地方，遇上名家画展，买张票进去泡上一两小时；再或在街上见有什么画店画廊，逛它一圈，什么也不买，一分钱不花便饱了眼福；另外，进图书馆查阅什么文史资料，顺便也翻翻古今中外那些厚重画册，作为休息。当然，更不宜放过的则是跟定永玉，到野外去，到玉氏山房或万荷堂去，眼睁睁看着一幅幅美妙的图画是怎样寥寥数笔或千笔万笔画成的。反正，下定决心，不费神，不花钱，做一名快乐的欣赏者！

跟他学点写作算了

在相当长的一段时间里，我只知道永玉会画，不知道他还会写。

1985 年，我从他五弟永前处借得 1983 年香港版的《永玉三记》，读罢大为惊异，兴奋中，又托人找到此前不久他写的散文《太阳下的风景》和《蜜泪》来读，更为他那行云流水、舒展自如的描述所折服。他写起家乡风景来，用上了自己美术家的眼光，捕捉的那些形貌音响、湖光山色，实在迷人。紧接着，又读到他写的诗，知道诗集《曾经有过那种时候》曾荣获 1983 年诗歌创作一等奖。他杂文也写得，在《吴世茫论坛》中，假托一位八十来岁老人的经历和见识，遇事多嘴，嬉笑怒骂，令人侧目。

他是突然冒出来的写手吗？进一步打探，才知道他年轻时在香港当刊物编辑时，就写过不少散文了，写的电影剧本也演出过。

他会写，毋庸置疑了。

我读中学时，立下志向当爱迪生、米丘林，长大后，鬼使神差般地被保送进大学学了个语言文学专业，毕业后，还领上了文艺的工资。"文革"中，吃了大亏；"文革"后，为安全计，转向美学，又转向文化社会学，曾用之透视故乡人事风习，取得意想不到的快乐，同时，也拿稳了自己的饭碗。只是，新时期到来，我见自己一些大难不死的朋友重温旧梦，写得欢天喜地，不免有点心动，想到机会好，不妨偶尔也来几下，如今，既见永玉本领高强，加之见面又较容易，于是起了意，何不以他为师，学上几手，为此，也就在这方面对他持续地注意起来。

永玉勤奋，新作不断。八十年代末九十年代初，他在香港和意大利住了几年，除带回许多好画外，还带回《永玉四、五、六记》和散文集《沿着塞纳河到翡冷翠》，外加两部未完成的长篇小说《无愁河上的浪荡汉子》和《大胖子张老闷传奇》。前一本有小说家读后笑言永玉要抢他们饭碗了。后一本写的是荒唐岁月中的荒唐人事，已写成十余万字，苗头甚好。学识渊博的恩格斯在对现实主义作品进行评论时，认定其高标准应是除细节的高度真实外，还要写出"典型环境中的典型性格"。永玉这部小说如写完，我估计张老闷这一经历奇妙、个性鲜明的"典型人物"，可望大获成功。

至此，我对永玉得出一个基本看法，说得放肆或外行一点，就是他的文字功夫不说比他的画好，至少不比他的画差！只是若干年来，他那些五彩缤纷的画作，加上他那中央美术学院教授的名分，把文学方面的光亮挡住了。

面对永玉这样的角色，向他学点写作，显然是一种聪明的选择。不过，如何学，方式倒是多样的，不是请他上课，也不仅仅靠读他的作品，更多时候还是在一起一边喝点什么，一边东拉西扯，我则注意捕捉，从中见出他相关的阅历和素养、经验和主张，由此还引发出自己对文学的一些再认识。

总之，受益甚多，粗略地加以归纳，以下几个方面印象较为深刻。

其一，且不说美术界，仅看文学方面，他的师友圈子便令人羡慕不已。

一个人的成长，与师友圈子关系极大。当年沈从文如果不是遇上郁达夫、徐志摩、胡适、杨振声这类人物，其生活和创作的道路将是怎样便很难说了。

永玉的机缘特别好，年纪轻轻时，便结识了茅盾、夏衍、冯雪峰、楼适夷、王任叔、臧克家、张天翼、曹禺、施蛰存、聂绀弩、钱锺书以及胡风等一大批如今被永玉呼之为"比我老的老头"。他清楚这些人写作上的长处，且知道他们各自性情的好坏，每当听到他怀着感激或感叹的心情谈及这些我辈只能从现代文学史教科书中得知一二的精英时，有点怪，我觉得坐在面前的永玉像一本历史。同时也意识到了他在文学方面的某种眼光和气度所由何来。

在研究沈从文时，我因多次见过他本人而大获好处，如今得永玉作为中介，无意间在心态上拉近了我与这批文化精英的距离，淡化了那种朦胧的神秘感，有助于更好地读懂他们。

写到这里，我不免想起自己一批老老小小、远远近近的师友来，虽不及永玉的辉煌，但值得向他们学的还很多，我应注意，不要疏离了他们。

其二，文学方面的书，永玉读得多，同时还读得好。

永玉读小学时，欣逢当时的湖南省长兼督军何键提倡学生"读经"，逼得他早早便把那"四书""五经"连带《古文观止》习诵了一番。同时，由于老师高明，让他对诗词格律也弄清了一些。中年时，曾研究过《水浒传》，论文未写出，资料和札记"文革"中丢失，副产品倒是出来了，这便是《黄永玉大画水浒》。

至于后来对古典诗词、笔记小品、诸子散文的研习，因与他作画得掌握多样意境和巧作题跋有关，所达熟悉程度自不待言。也许是记得太多，对某句某段是某人写的偶尔也会模糊。一次，我见他在一佛庙巨石上所写"天心月圆"四个大字，意境清远，饱含禅机，请问他出自何典？答曰："记不清，不是弘一法师的，就是我黄永玉的。"

说到西方文学，永玉也熟，对十七、十八、十九世纪欧洲文学，包括俄罗斯的文学，更是如数家珍。平日爱涉及的有莎士比亚、菲尔丁、狄更斯、福楼拜、歌德、列夫·托尔斯泰、屠格涅夫、契诃夫等。偶尔我们背诵几部经典小说的开端名词，他能指出记错记漏的地方。

至于说他书读得好，何谓好？不同的书应有不同的读法，可讨论的问题就太多。倒是就文学经典之作的读法，他说过一句："我并不特别在意那些故事，我读书的背后，捉摸其间事件铺排，语言运用方面的技巧，作为自己写作的借鉴。"曾见他向某电视台编剧兼导演推荐苏联作家巴乌斯托夫斯基的《金蔷薇》。这本书，作者除了谈自己的写作体会外，更出色处是以平易生动的文笔介绍了福楼拜、莫泊桑、契诃夫等人在情节提炼、布局谋篇、语言推敲方面的成功故事。对于如何理解"读书的背后"，这是一本十分有用的示范之作。我猜想，这才是永玉看重它，并向人推荐的原因。

其三，永玉形象思维能力超常强旺，对文学语言的运用，更是超常地讲究。

形象思维，又被称为艺术思维，连最长于讲抽象理论的毛泽东都承认："写诗还是要形象思维的。"

好的艺术家常常怀着一种温爱的情感观察着生活中那些富于个性、富于情趣、富于情意的事象，体验它，让它在自己的头脑中化为一种内蕴充盈的意象，最终选用恰当的艺术形式将它鲜活地表现出来成为作品，这样的形象思维，在永玉处，异常活跃。

一个雨天，永玉在家乡石板路上见到一只被人踩碎的漂亮蝴蝶。这类事，我们也见过，只是惋惜。可是永玉当时的感受比一般人活跃而强烈多了，他意识到，这是"再也捡拾不起的斑斓"，并很快联想到这正像若干年来，某种势力对灿烂文化无情摧残一样，弄得再也无法"捡拾"，并就此写成一首短诗，取了个《像文化一样死亡》这样沉重的标题，引人共鸣，浮想联翩，说不出的难受。

再如，他从揭下一片黏在书上的胶纸，动手翻看书页的这边那边这一细节，竟联想到这速度和意象近乎自己从儿时变到今天，时光易逝："刹那间过了八十年，剩下斑驳遗痕，我的珍宝，别人的漠然。"这诗的标题为《回忆》。

这当然只是极小的例子。永玉手边随时有个笔记本，灵感一来，便匆匆抓住，夹了进去。如果他肯公开这些笔记本就好了，那我们定能从那密密麻麻、七歪八倒的字里行间，窥见他艺术思维有着何等惊人的强度。

反观自己，多年来受到外界的强力灌输，加上如今饭碗所系也是抽象思维，当生动多样，甚至十分动人的现象出现，往往是急不可待地去追索它的本质，进行原因分析和价值判断。面对古往今来气象万千的艺术品，我们这类人以能将它抽象为"审美感受的物化形态"而十分得意，这样的思维定式与艺术创作简直是南辕北辙。如今我意识到，想向永玉学点写作，自觉地捡回自己曾有过的那份强度有限的形象思维习惯，十分必要。

至于说到具体写作，永玉强调较多的是语言。这不奇怪，在文学作品的多重形式因素中，语言是首要的，毕竟"形式是转向内容的形式，内容是转向形式的内容"，当然得高度讲究。

我记忆所及，永玉谈语言，涉及语调、节奏、疏密、急缓等，以及由此造成的抑扬顿挫的种种效果，而这些都是进入写作状态时，由作者个人情感旋律所决定的，与音乐相通，应该懂得顺应它，同时又懂得控制它。这是相当难于把握的高超技巧，只有勤于实践并善于领悟才能有所长进。

另外，他还谈及语言的简洁、雅俗、庄谐、隐显之类。更有趣的是，他还探讨过使用凤凰方言土语写作的妙处和分寸问题。这些均属修辞范围，永玉谈起来也很精细，反正让我受益匪浅，多谢了。

其四，关于写什么和怎样才可望写得好些的启示。

1999年，永玉在长沙岳麓书院讲学，在讲过科学与艺术、中国画与外国画等问题后，专门谈了自己最看重的文学。在涉及文学应写什么时，他不像某些不知情感和情趣为何物，自己什么也写不出，却专门教人如何写的理论家那样乱弹。他仅仅讲了八个自己亲历的，发生在普通平民百姓间的小故事，这些故事中充满了人性、人情、人类之爱，很动人。他用这方法告诉了听众，文学应关注什么，也即写什么。其实，读他的作品，我们也极易感受到这点。与永玉在一起，有时谈到家乡巷闾布衣之徒的旧事时，他关注的焦点也是那些人一份有趣的性情和由此而引发的不同命运。

"文学是人学"，就文学的本性而言，就是要用语言的形式，活生生地展现特定社会情境中那气象万千、丰富无比的个性心灵，包括对象的和作者自己的。具体些说，就是要展现个性色彩鲜明的人性、人情、人类之爱或之恨。不过，在一段时期，这看法被批臭了，鸣鞭者们党同伐异，将作家写作内容限定在图解主义、宣传社论精神和对阶级性的简单演绎上。从永玉的大量作品中可以看出，他从来就不曾相信这些从苏联"拉普"引进而又中国化了的理论，不然，首先在写什么的问题上，就让自己的创作死定了。

关于怎样才可望写好的问题，永玉在《永玉六记·汗珠里的沙漠》一书中说："小说里，故事固然重要，由谁来写更重要，几乎是很重要。"

这段话里的"故事"，属于我们前面刚刚讲到的"写什么"的问题，当然重要，而"由谁写"则涉及创作主体的素质状况，永玉认为这才是决定写得好的"更重要""很重要"的因素。简要说来，要写好，作者除具备必要的文字等诸多技巧方面的修养外，其个人情感和人格的高下优劣，才是最终决定作品和作家成败的关键。正因此，在《永玉六记·汗珠里的沙漠》中，永玉才对那些动辄把"表现自我"说得非常重要而可爱的艺术家，提出了首先要看看"他本人有多少可爱"的问题。

理由就不必细说了，读读永玉的《为什么老头儿号啕大哭？》，回顾几十年来的中国文坛，真令人感慨万千。在相当长的一个时段里，中国文学的独立品格曾严重退化，与政治合谋的结果，让多少优秀作者的耀眼才华浪费殆尽，又让多少阿谀之徒的奉承文字成了垃圾！唯有基于人本观念、平民意识，而又守持了"独立之精神，自由之思想"的作家作品，艰难地存活下来，煜煜照人，如烛如金。

关于怎样才能写得好些，要害所在，还用多说吗？

可学的还有聪明

一次，我对永玉说："让我来向你学点聪明。"

永玉聪明，花样百出，每次去他那里，都可望见到些新名堂，听到些新话题。不过，我这话毕竟显得有些不知深浅，估计是因向他学画不成、学写也有难处，才转而想学点抽象的东西，避实就虚，且见出一点千金买方的精明。

话说出后，才来细想一下，学聪明，谈何容易！

时势造英雄，大聪明简直是不可学的。如文艺复兴时代，那是需要巨人的时代，于是产生了达·芬奇这样在艺术和科学领域里双栖的巨人，这也许千年一遇，能学吗？又如元朝末年，天下大乱，朱元璋这个半文盲，遇上机会好，登上皇帝宝座后，为确保自己绝对权威和家天下的万世基业，竟能轻易找到堂哉皇哉的借口，制造出胡惟庸、蓝玉两大冤案，将与自己一起造反的文武亲密战友收拾殆尽，且让他看不顺眼的文人也一个个不得好死，这样歹毒的大聪明，能学吗？

就永玉而言，作为一名艺术家，在文学方面，他能写诗、散文、小说、剧本。在美术方面，木刻、雕塑、油画、国画，人物山水、翎毛花卉样样来得，甚至一张猴票，几个酒瓶，也能引起轰动效应。兴之所至，还在北京万荷堂安炉烧瓷，做出些坛坛罐罐来。音乐方面，不曾见他作曲，但吹小号、吹箫笛、弹钢琴，也都来得几手。另外，武术也略知一点，每遇电视转播拳击，必暂停手中工作，用心观看，且能做出点评。这样的角色，实不易多见，令人叹服。不过，如将他与前面提及的那类大聪明人比较，永玉这种主要靠个人禀赋和锲而不舍、艰苦奋斗而来的聪明也只好屈居为"中聪明"了。只是，与许多同行比，被尊为大师，实非夸张。

我常想，永玉能把这么多项本领弄到可用，甚至几项达到一流水平或独有水平，仅凭充沛精力肯定是不够的，那么，其间玄机何在？可否探知一二？

恰好，永玉有篇《艺术的空间功能》可供阅读，文章中，他结合自己的切身体验，谈论戏曲、电视、音乐、造型艺术与特定空间的依存关系，概括出艺术创作应如何把握"场合"这样精妙而又相通的共同规律。这属一种一网打尽的非凡悟性，正是靠了这类悟性，才能让他在各类艺术形式间自由来去而不致失去要领。

在《永玉六记·汗珠里的沙漠》中，上述那种触类旁通的悟性或曰聪明，也有所展露。他说："我常常专注交响乐中一两层的背景音乐，试图为图画中的背景寻找出路。"又说："中国人懂得中国的打击乐。强弱、快慢、疏密、长短……其实加上颜色，就是现代美术，加上西洋乐器，就是现代音乐。"这又是永玉在音乐与绘画中找到相通处了。至于文学语言运用和音乐相通处，他的体会我曾说过，这里从略。

说起来，我总算从永玉一些文字和零星谈话中窥见他多才多艺，且均不一般的一点门道。不过，我更清楚这种悟性，是建立在他自己见多识广，加上多年辛苦实践基础上的，且与个人禀赋相关，即使他不保密、公开讲出，听者也还是难于依样画出葫芦来。他更清楚这点，所以在《永玉六记·汗珠里的沙漠》中，才说出一句令人扫兴的大实话："好诗人从来没有老师。"

既然如此，我还能向他学点什么聪明？

有的是。在他那里，除了上面提及的那些浓缩了的，属于高、精、尖部分的聪明难学外，还有不少零星的、业已与具体写画或日常小事结合了的聪明，作为示例来看，可学的仍然不少。这就是西瓜抱不上，芝麻也要捡它几粒的意思。

若干年来，一提及井底蛙，人们想象中，大都仅是一只，它独霸深井，仰头观天，洋洋自得。可在永玉这里，偏偏想到井底蛙也可以是一群，这是一个重大突破，试想，蛙一多，名堂不就多起来了吗？他作一画，六七只青蛙举行井底会议，讨论政治、经济、文化、教育、体育乃至计划生育等诸多重大问题，叽叽呱呱，意见相左，但在"天只有井口大"这一基本认识上，保持了高度一致，于是发布新闻："开了一个团结的大会，胜利的大会。"

又如，王子炼飞升之丹于仙山洞内，七天丹成，尘世已越数千年矣。这则老掉牙的故事，令人神往，而"洞中方七日，世上几千年"这一说辞，当年曾印入发蒙习字用的填红本内，我等更是熟悉。近日，永玉写对联，上联写道："洞中方七日"，一看，老一套来了。接着写下联，竟成了"世上一星期"，瞬间判断，错了！继而顿悟，没错！全世界人的常识，"七天"等于"一星期"。洞内洞外一个样，实话实说而已。只是，如此点破，许多人所神往的说辞，一下被掀了个老底朝天。多少年了，只见他黄永玉这么怪想，玩笑开到这上面来，让人落入"预期的逆应"这一幽默法则的陷阱里，你能不笑吗？！有趣，有理，顺手给仙家的虚妄戳了个窟窿。

在《永玉六记》里，这类零星聪明，俯拾皆是。如我等革命群众，不时引吭高歌"团结就是力量"，一直以为只有自己才懂这一战无不胜的道理。可是永玉想到，狼也懂得，人将奈何？这书中，许多"故事新编"，大都是这类文字。

仅从上述几个随手捡起的小例中，我们也可看出永玉思维上的一个特点，就是不落常套地在正反之间跳来跳去，一个想到一群，虚的想到实的，好的想到坏的，跳出新意，让人惊喜。这种思维方式，心理学家们早在教科书中一再总结过了，说这就是"逆向思维"，创新灵感往往由此而来。

"逆向思维"，果然不凡，在日常一些小事上，永玉也靠它大显神通。

比如，人们惋惜，烧制唐三彩马的技术失传了，窑内高温，使泥坯变软，马脚太细，常受不了马身重量而塌成一堆，弄不清古人有何妙法？永玉帮着想了想，说："四脚朝天去烧不就成了！"

又如，关于悬棺葬，学术界人士苦苦思索，古代一些少数民族，到底用何种办法，将重达两三百斤的棺木送入河岸悬崖高处石穴中去？绞车早被他们发明了吗？为何后来反而不见？又推测或是等待涨大水用船，或等待消水搭架？永玉凑热闹提出一说：在山崖顶用一长绳，系一壮汉，由他将拆散的棺木，一次次、一块块地背下去，到洞穴中再行拼装，最后背下死人，塞将进去，这有何难！这一说，有待写成学术论文参加争鸣。

一年夏天，大家想起了凉粉，它好吃，却太难做，得用布包了从一种藤萝上收集来的凉粉籽，在冷水中持久而拼命地搓揉，让籽中胶质渗出，成为果冻似的食品，此事非壮夫健妇不可为。永玉却宣布，他早有妙法，老少可做，妙法是把凉粉籽用布包扎放进开水里煮熬，胶质自然渗出，何用搓揉？至于要凉，有冰柜在，何用犯愁！

永玉这类主意，可说也是层出不穷，说透点，站着做的可躺着做，大件的分解成小件做，凉东西用热水做等，不仍是那个"逆向思维"的灵活运用吗。

当然，永玉聪明，不会仅仅基于这样一种思维方式，此处说明一句，以免误导。另外，我还意识到，运用这种思维方式去观察社会具体事象时，运用者可能还得有点叛逆精神才行，奴性过重的人是用不来的。

总而言之，千金买方，向永玉学聪明，在这种芝麻类的方面，我算有点开悟了，心情舒畅，自信有朝一日能用上一二，眼前是没遇上机会。

不过，如果承认善于讲笑也是一种聪明，那么，永玉是笑话大王，从他这里，我除了捡到不少现成的笑话外，对讲笑时用语的详略、节奏的快慢、反语及夸张的分寸、"抖包袱"的时机选择，包括讲时自己不宜先笑，却也不宜过于严肃等等方面，均略有心得，带回学校，晚上散步时向朋友们转手倒卖，大都取得了预期的成功和快乐。

有效的勤奋最难学

1999 年 5 月，永玉在中国美术馆举办回顾性的大型画展。

他的画作占满了一、二、三层展览大厅。十余幅两三丈长、一两丈高的巨画在正厅悬着，在侧厅里，展墙不够用，还拉开几排屏风，两面挂画。在玻璃平柜中，放了长达三四十米在意大利、在凤凰的写生长卷，太长，都只能拉开十余米供人管窥。一些早为人知的著名木刻和邮票设计之类，被挤入墙角或过道，而那些雕塑，则东一座、西一座地成了点缀。估计展品有五六百件，还有相当一部分限于场地，留在家里。

这等满堂通亮，气象非凡，我从未见过。

开展这天，永玉身着黑色西装，红色衬衣，金黄色领带，口含烟斗，容光焕发，在大厅外与赶来的中外朋友频频点头握手交谈合影。一花工朋友剪彩后，人群汹涌而入，忘了永玉，永玉得以在熙熙攘攘的观众身后穿行，上上下下巡视一遍。我们在楼梯边遇上，向他祝贺，他对我说，自己感想仅只一点：

"这么多啊，都是我一笔一笔画出来的吗？"

连他自己也为这非凡景象弄得惊讶起来。

其实，这么多，想想应可理解，永玉几十年来，目标专一，锲而不舍，什么时候疏离过自己心爱的绘画？即使在"文革"期间，住房被人挤占，还在为自己逼仄阴暗的陋室画上春光明媚的大窗户。进了"五七干校"，当上"农垦战士"，由军人监管着，列队出工收工时，还在用一个画家的眼光观察华北平原那日出日落的光色变化，为自己有朝一日重操旧业做素材积累。

至于是不是自己一笔一笔画出来的，每幅画的背后，都不乏其诞生的故事作证。以《山鬼》为例，在香港半山画室画了整整一个月，画上全幅最后一笔时，已是深夜两点，正遇风雨大作，自己是冒雨跑回山下寓所的。再说那著名木刻《春潮》，渔人手中抛出的那条系了鱼漂的钢绳，也即我曾以为是大提琴弦压印出来的那柔韧繁复的细线，不就是自己在北京寓所里，"视为止，行为迟"地用了一个星期才刻出来的吗？

只是岁月无痕，淡化了艰辛，这琳琅满目、千笔万笔绘制而成的数百幅画图，才变得有些不可思议起来。

永玉的这次大型画展，对我的视觉冲击是如此强烈，以至如今事过六年，那份辉煌及这辉煌背后的勤奋还令我念念不忘。

一切成就都与这勤奋分不开，我开始对永玉的勤奋格外注意起来。

永玉的勤奋是超常的。很奇怪，他竟不兴午睡！我们这些新社会成长起来的一辈，当学生时，如不午睡，寝室长是要检举的，因而养成了午睡的良好习惯。几年前，一次，和五六个小画家及摄影家在凤凰看永玉为准提庵作壁画，粉墙前架起了大方桌，他一个人爬上爬下，时蹲时站，仰头悬腕工作，连续三天，每天干八九个小时，我们则散坐在他背后的小靠椅上观看。午间到来，永玉在画，我们一伙中，竟然有人不时发出合理但极不合时宜的鼾声来。

永玉经验，"换样工作，也是休息"，主意不错。

我注意过他的工作节奏，发现他在动静间转换极快，过门极短，让人目不暇接。每当这时，几疑他不是永玉，而是永动机。

由于持久的观察，我有了更深的发现，永玉这种超常的勤奋，是与他不左顾右盼、不看人眼色、不囿于传统，也不趋赶时髦的习性紧紧结合在一起的，我就是我，因而新意迭出，快乐而自由。

这是一种霸气与灵气十足的勤奋，这是一种也许只能称之为黄永玉式的勤奋。

永玉正是靠了这种自己独有的勤奋，才让岁月在自己手中化成了一幅幅精彩绝艳的图画，一篇篇妙趣横生的文章。

"见贤思齐"，人之常情。见永玉如此勤奋而又如此成功，竟不免有几分可笑地联想起自己来。

我不是个懒人。小时，父亲用我手掌和额头宽度的对应关系为我看相，结论是"衣食不缺，但一生劳苦"。既然命中注定，我做起事来，总十分投入，不畏劳苦，只是，什么也不见成功。

什么地方出了问题？

与永玉对照，勤奋虽有，但目标失落。

几十年来，我和不少同辈一样，小小年纪，便上级指向哪里，自己就打向哪里，既无什么个人选择自由，更不懂得摆脱纠缠。至于目标一贯的重要性，恰如打短工度日的阿 Q，"撑船就撑船，舂米就舂米"。偶尔靠拢自己所学的倒霉专业，提笔写作，也大都因什么期刊专号索稿，或因什么学术会议需交文章，逼急了，才夜以继日地突击十天半月，常写得眼冒金星，几乎站立不稳。一位年高德劭的老教授见我如此这般，认为有失撰写"学术论文"的常态，曾当面讥讽："你有狗急跳墙的才能！"

我这种随机打滥仗的做派，当年沈从文先生似已察觉，曾对我说："你要写，你要埋头写，不要东跑西跑，参加那些什么会。"当时，我不大在意。

没料到，我这问题，也被永玉看了出来，几年前，一次陪他外出写生，路上走着，他问过我年龄后，若有所思，竟说出如下几句话来：

"你少揽闲事，不要再帮人编什么，改什么，跑什么了，那是用自己的犁耙在别人的土地上耕种，耽误了自己的阳春，浪费生命。专心写你的论文散文吧！"

永玉这一提醒，由于是与岁月无情联系在一起讲的，分量格外重，回头看，自己田园荒芜，心中惶然。

我终于完全醒悟过来，认识到常被人笼统加以赞扬的勤奋，所系目标的崇高与平庸且不论，仅就对个人工作的成效而言，实在应十分明确地分为两种：一种是目标一贯、锲而不舍的有效勤奋，一种是目标游移、东咬一口、西咬一口的无效勤奋。若干年来，我一直以为不懒便好，岂料是栽倒在无效勤奋上了，忙忙碌碌，歧路亡羊，就这样，白了少年头。

永玉的勤奋，自然属有效勤奋了，大获成功！可是他至今仍不满足，说：

"我没有成功，遗憾的是时间，让一些王八蛋耽搁了。"

"这岁月，好像被人偷去了一样。"

是的，光阴似箭，日月如梭，永玉八十了。

前不久，在玉氏山房看他为狗年设计月历，站着又画又写，白天持续工作了九个小时左右，晚餐后，与客人谈话，待客一散，他又提起笔到画墙前去为当天所画加添墨色。我因寄宿他家未走，见这情形，开口劝阻，说自己仅是看他画这一天也看累了。永玉听罢，提笔转身，从容说道：

"我有个基本点，过去是那样苦，也在做，如今条件这样好了，能不抓紧吗？"

停了停，又说：

"有那么多的事想做，不抓紧，一旦动不得，就可惜了！"

我无话可说，回到客房，独自呆坐了许久。

我在想，对永玉这样性情的艺术家来说，童心不会因年龄增大而变老，智慧也不会因岁月流逝而消退，显然，他决心要用自己独有的一份霸气加灵气的勤奋，持续地大干下去了。"尺璧非吾宝，寸阴宜所争。"我们恭候着，好的还在后头。

至于我，"见贤思齐"固然好，但"人贵有自知之明"更重要，永玉这种有效的勤奋最难学，何况自己长期为无效的勤奋所牵累，弄得哪方面根基都浅，下一步能做出点什么对得起时光的，只能是走着瞧了。

2005 年 3 月 29 日初稿于深圳滢水山庄

2005 年 11 月 15 日改成于吉首大学寓所

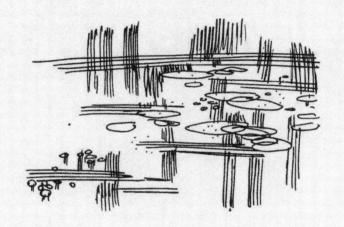

"叫你来，拿张画回去！"

带个"保镖"去接画★

——《湘荷白鹭图》是怎样出炉的?

8 月 12 日早晨,一位副校长通知我,湖南省委接待处张处长有电话,说黄永玉先生到了长沙,住省委接待处蓉园宾馆二号楼,要我立即赶到长沙去见他,并说要带个人去。

为什么要带个人去,电话里没说清。

大家预感一定有什么好事,据此,学校决定去位领导,相机定夺。于是这位副校长和我一同前往。今年 5 月,我们曾一起到北京祝贺永玉先生画展开幕。

13 日,我们一到长沙,立即去蓉园见永玉先生,握过手,他第一句话竟是:

"叫你来,拿张画回去!"

★本文原名《长沙接画记——〈湘荷白鹭图〉是怎样出炉的》。

原来如此，我忍不住笑了，同时也理解了"带个人"的意思。他知道我不中用，要个人保镖，以利安全。早知这点，选一彪形大汉即可，何劳领导出场。但转念一想，领导来得正好，代表学校，更为恭敬，隆重。

坐下后，副校长首先向永玉先生转致党委书记的问候，期盼黄老到吉首大学讲学，什么时候都好，学校将派人接他老人家。永玉先生表示感谢。

关于给吉首大学画幅大画置于图书馆一楼大厅的事，是去年10月间永玉先生许诺下来的。那次，永玉先生来我校参加"98国际沈从文研究学术讨论会"，曾到我校看过艺术系同学的歌舞表演，又为中文系同学讲了课，还为我校题写了"风雨湖""凤凰楼"等许多字。在学术会开幕那天，他发表了题为《平常的沈从文》这样一个讲演。永玉先生所到之处，总为同学们团团围住，欢迎，欢迎，热烈欢迎！

"我帮你们画幅大画。"永玉先生兴致很高，说罢就要动手，并要我们立即打电话请省委接待处吴处长设法送大宣纸来。

学校驻长沙办事处的同志把纸送来了，画却没有画成。与永玉先生同来的几位朋友一再提醒他，只差三四天过中秋了，已答应过一位老将军到他新修的万荷堂过中秋节，怎能让别人空等，自己待在这里为吉首大学作画！与永玉同来的一位朋友还怕我失望，对我说：老先生答应的事，一定会兑现。其实，这点我丝毫不曾怀疑，湘西人是重承诺的。

永玉先生是个大忙人，那次回北京后，即为筹备今年5月在北京的空前个人大画展而忙碌。画展之后，大约又忙着写小说、散文。这次出门，是应上海某老报纸同仁的邀请，筹备开个什么纪念会。筹备会散后，决定绕道湖南，办两件事：其一，为吉首大学作画；其二，看两位老朋友。

没有时间回湘西，在长沙也只能停三天。9月下旬要去香港，10月份去日本，11月份去岳麓书院讲学。算算这样的日程，如果不抓住这次出门返回的空档，原先答应给吉首大学作画的事，极有可能推迟到2000年以后去了，说起来便是推迟了一个世纪，多难听！

"我图章都带来了。"永玉先生说。他指的是画上要盖的各式图章。后来，我见到，它们装在一个绿色缎面的盒子里。

"做人总得实实在在。"

吃罢早点，大家坐在永玉先生住房的大客厅里闲谈了一阵。茶几上有一花篮，两条红绸飘带上写着："热烈欢迎黄永玉先生下榻我所！""祝黄永玉先生健康愉快！"

副校长抓住机会，谈及学校想把艺术系办得更好，还拟加设美术专业的事，敬请黄老多加指点。永玉先生说，这事他可以介绍我们去请教原中央美术学院院长靳尚谊先生，还可通过靳院长代为物色一些教师来讲课。靳尚谊先生曾是永玉先生的学生，退休不久。

由于说到艺术系的事，便引发了永玉先生许多有关思考。这里我把其他在场人的插话全部略去，只留下永玉先生的话供大家参考，特别是供学艺术的同学参考。

"要让艺术系的学生自己明白，到学校来只是学徒，能否成为艺术家是将来的事。"

"艺术家有一大半时间要用在读书上，要提高文学修养。我当老师，每期都帮学生开出阅读书目的单子，让他们去选读。"

"要把学生当成艺术劳动者培养。不要专业未学好，样子先怪起来，架子先大起来。进了艺术学校不等于就是艺术家，学校是学技能，学基本功，提高文学修养和道德素质的地方，单画得好，德行差，也成不了器。外国有些艺术家那副样子，是因为实在太忙，料理不到自己身上脸上的事，我们有的人并不忙，也不努力，但弄得很花哨，很夸张。"

"老师不要带学生学'艺术家脾气'，要培养学生的品格，要讲究格调，不反对你将来飞黄腾达，但不管怎样，艺术上，做人上，总得实实在在。"

"美术专业教素描要注意，学素描很容易入迷，不要教会了学生素描，忘了其他，结果什么都不会，变迂腐了，不能创作。正像学中文的钻语法，只会语法，写不来文章怎么行？"

"另外，教色彩，不要去搞什么前卫艺术体系，一开始便要端正好。"

"不要请疯子。"这大约是指选择老师的事了。

"有的人是运作媒体的专家，总设法到电视上、报纸上去频频露面，那些个弄得再热闹，还是离不开你自己一笔一笔地认真画好。创造，那才是基本的。不然，老了，才晓得一事无成。"

由于说艺术系而涉及艺术家，进而涉及艺术家的人品。

有位艺术家，个人手艺还过得去，出了个集子，别出心裁的是，他在印出的每件作品旁都标出此件已送某某首长，某某要人，某某委员。此事引发出永玉先生一点感慨，认为"做人做到这个份上，就没意思了"。

"我们小时，家乡大人给自己的第一课就是要有气概，不攀附，连叫花子头脑里都有这类想法。罗师爷就看不起老祥。"

罗师爷和老祥两人都是我们家乡凤凰城里的著名穷汉。罗曾在当地部队里当过师爷，不知因何刺激，神经出了毛病，丢了饭碗，又无家业，沦为乞丐。他出来讨饭，态度庄重，站在门边，只说"弄点来啰"，从不说个"讨"字，一副"不食嗟来之食"的派头。老祥出身不同，气度略差，为罗师爷所不齿。

永玉先生谈话，常易发岔而转入家乡的人事，这也是一份乡恋所引起的。

"我要使自己的每一笔都姓黄。"

9点，永玉先生刹住谈话，站起来直向对面另一间宽敞的大房子走去。

在那里，用两张大型办公桌拼接起来的画台上，铺上了宾馆床上的花毛毯，再又铺了一张作画专用的，业已墨汁斑斑的大画毡。一张长达一丈五六的特制大宣纸铺好了。桌子宽度不够，纸两边悬了下来，如桌布一般。

这样大的宣纸是永玉先生的朋友昨天才从北京坐飞机送来的。

靠窗处，有一方桌，上面是碟、盘、碗、盆、勺和大大小小的笔，还有宽达三四寸长的几把刷子，加上多盒颜料。

工作开始，全体肃立，静悄悄地。

永玉先生在一个碗里倒了墨汁，掺水，好像还溶进了一点蓝色，调好后，将碗在画台边放了，然后点燃了烟斗，叼着，面对一片空白，眼睛在那里上下左右扫来扫去，时而又凝神一阵，他在为全画布局了。想象中，有了怎样一幅画图呢？谁知道！

终于，他一手抓起了蘸饱了墨汁的两把刷子，其中一角好像还在清水里蘸了几下，便开始由右向左节奏响亮地横涂竖抹，势若奔马，厚白的大宣纸上，立即见出浓淡参差，乌云聚散的景象。大家心领神会，这定是一湖连连牵牵、远远近近的荷叶，他要为我们画他最为人们称道的荷花了。

放下刷子，换上大笔，用浓墨在荷叶间画出几条十分显眼而强劲的弧线，如叶梗、如花茎，把分布在如此大面积上的荷叶关系拉紧，组合起来。

叼着烟斗，又斟酌了一阵，才换用了一只两三寸宽的新刷子，饱满地蘸上白颜色，在纸的上方画了三只起飞的白鹭，又画一只站着振翅的白鹭。眼目均未画出，这白鹭恰如白色剪纸贴在白色的宣纸上，几乎看不清楚。

一切还只处在大布局的阶段。

又停了下来，眼光在画面上或走或停，也是刷子上阵，没刷子，如何画这么大的画？但见他或乳白，或浅红，或桃色，或丹朱，或黛青，或翠绿，劈劈啪啪，错落下笔，令人眼睛追踪不及，"无法之法，乃为至法"，八九下，十来下，几十下，于是一朵朵或远或近，或向或背的荷花成形了。成形不等于成功，接下来，他对每片花瓣做出许多打扮，或在尖端，或在内侧，或在背底，用不同色彩做出细描或点染，使色阶更为丰富，层次也更为鲜明。平日说"三矾九染"，永玉先生在荷花色彩上的讲究，庶几近之。

我们六七个人在旁观光，但也不是纯粹多余的人。偶尔帮换换洗笔的水，也算做事，特别是桌子宽度不够，纸如桌布悬着，要画上面部分了，或要画下面部分了，就得靠我们六七个人将纸略略抬起，才能挪换位置，没有我们，永玉先生也会奈之不何。

大格局稳住后，永玉先生偶尔也和大家讲几句话，不过，大家均知道回答应简单，不饶舌，知道他此时实际上需要的还是安静。

荷花还没有画完，等到花瓣略干，永玉先生轮番用毛笔蘸着浓得化解不开的翠绿、鹅黄、乳白，甚至天蓝、朱红各类颜色，凭借艺术家的直觉，点出疏疏密密、轻轻重重、似断似续、节奏明朗的莲心和花蕊，一朵之间，数朵之间，这些鲜亮非常的色点，起伏呼应，简直是一串串跳动的音符。

荷花一共画了六朵，它风致楚楚地绽开在粗放浓重的荷叶之间，构成了一种巧妙的对比。每朵荷花给人印象，总是笔触强劲，色彩响亮，气韵生动，一切都是黄永玉式的。

永玉先生对荷花的最早印象，还源于小时在乡下外婆家。有时坐了脚盆进入荷塘，人小，从下面往上看荷，以及在荷荫里看见水光掩映的奇幻景象，令人难忘。加上后来永玉先生对荷写生，也是积累盈千，故能变化万端，"以写胸中逸气"。永玉先生曾说："我要使自己的每一笔都姓黄。"这话不假。

花画好了，花茎叶梗也得做出加工，花茎叶梗上有密密麻麻的毛刺，永玉先生先以浓重墨点疏加点缀，墨点略干，叠以青绿、赭黄，使之凸起，取其神似。

六七个人又帮忙挪动了一次纸，使纸的上半部分落实在桌面画毡上。永玉先生用浓墨画出了白鹭的头部、尖嘴及长脚，再用铬黄、乳白在头上圈出眼耳。最后，还不忘白鹭鼻孔上方那一点朱红。他说："白鹭鼻上这一点红，许多人没注意，其实是有的。"

大胆落墨，小心收拾，看来是循着这步骤进行的。大家对这样一种美的创造过程，都能欣赏却不可言传。四周静悄悄的，只有强烈刺眼的照相闪光，不时一闪，显得有些吵闹。永玉先生也是旁若无人，入了迷，茶水不喝就这样一笔一笔，成百上千笔地画着，待到全画成形，已是正午12点，整整3个小时过去了。

"午睡是最东方风格的浪费。"

我以为画已完成，下午的事只是题字。

永玉先生是反对午睡的。在《永玉六记》中，他嘲笑国人午睡是"每天十亿小时的最东方风格的浪费"。这种算细账的方法，近乎当年动员打麻雀时，算全中国麻雀一天吃多少粮食一样。

他不睡，我们只好硬撑着，无法尊重自己这"最东方风格"的习惯。

工作又开始了，永玉先生指挥一旁肃立、为睡意困扰着的六七个人把大画从桌面抬下，翻了个面，将它放在地毯上，接着又指导我们对纸的湿度作了也许应保密的技术处理。

看来，画并未作完。

永玉先生调了半瓷缸紫色水液，放在画旁边，跪在地上对画面斟酌一阵，便用大刷子蘸上紫色在画上乱涂起来，开初那几下我还提心，莫把画弄坏了，不过很快就想到这是对总体气氛做出渲染，大师做事还用得着我这外行操心！这道手脚，一般情况下，永玉先生是简略了的。

画纸太大，跪着从四面八方进行涂抹，中间大部分地方仍可望而不可即。

平日，永玉也画这种大画，那是在他香港的大画室或北京万荷堂的画厅，两丈见方的整堵墙上，装置了画毯，画大画时，将纸固定在墙上，要画什么地方，站在木台上，甚至灵活机动的升降机上，那才是快乐而自由。如今住的这地方，是接待高级首长和贵宾的，并非美术家的作坊，永玉先生只好委屈了。

永玉先生要来了一个厚重的，绿色的写生板，用它垫在画上，跪着，一只手撑在画板上，以便支撑上身探入画间涂染。每刷上几笔，又缩回上身，伸直腰，瞧颜色，然后，又是一只手撑住，再探身入内，涂染。反复如此，近乎上体育课时作俯卧撑考试。不同处这个"俯卧撑"是一只手，另外，还得围着大画纸频频移位。有时，跪在地上，伸直了腰，审视先前所做的效果，有不如意处，又往回移位，做出弥补。

上午，画荷叶荷花，劈劈啪啪，颇让我们见到了大艺术家创作时的潇洒。此时，则摸爬滚打，实属受苦，且姿势别扭，不免难看。与海内外知名艺术家应有的派头，好像不合，与意大利总司令勋章获得者的角色，也好像联系不上。

永玉先生是七十六岁的人了，这样做"俯卧撑"，显然是超负荷的，但此时，他匠心独运，谁能代劳？

既系渲染，岂宜单调。紫色染过，又是浅蓝，再是黄绿。我属外行，哪说得准他所用的复色。永玉先生一鼓作气劳作，有时爬起来转移位置时，我们已感到他在喘气了。

"黄老，休息一下吧。"有人毕竟看不过意了，见他跪在地上刚伸直腰来审视渲染效果时，故意将早准备好的藤椅拖动一下，想诱使他坐坐。

由于底色的渲染，整个画面正发生着一种奇幻的变化。到这时，白鹭的身姿才凸现出来，六朵彩荷也显得更明丽。不同底色的交融渗透，正使画面如浸染在朝晖中一般，气象流动而又辉煌。为了将这种变化控制得恰到好处，此刻，他怎能停下来，又怎肯停下来呢？

他说过，自己做任何事总是拉满了弓，全身心地投入的。京剧艺术家肖长华80岁时，身体不好，走路已要人扶着，但他还要演出自己的拿手好戏《蒋干盗书》。临到演出，两个人扶他在出口边站着，锣鼓响起，将他轻轻一推，他出了台便能忘乎所以地表演起来。等到唱毕，两个人早在入口处恭候，一进来二人立即将他扶住，以免瘫倒。艺术创造，竟有如此令人不倒的魔力。这是永玉先生讲的。

永玉先生身体好，底色渲染完毕，立即指挥我们又将画抬上桌面，在画的下方处，用格外浓重的墨汁，参差有序地画上一二十片箭头般的慈姑叶。为争取时间，由我用电吹风快速烘干，然后他用黄白色画出细细密密的叶脉，再又在叶间伸出若干细枝，缀以翠绿、铭黄、乳白色的密密扎扎的慈姑花。

"良工不示人以朴。"永玉先生讲究极了。

全画终于完成，他点燃烟斗，叼在嘴里，喷着烟，双手叉在腰间，满意地浏览着自己一天的劳作。

这时，已是下午5点多，由于室内整天窗帘低垂，靠天花板四周隐形灯光照明，并不知道外面阴天有雨，天快黑下来了。

"知识分子要养成知识分子的习惯。"

永玉先生面对着大画，终于在藤椅上坐了下来，有人端上一小杯茶，他吃了两口，便继续抽他的烟。

"写点什么呢？"显然，这指的是画上的题跋。他像在问人，又像在自言自语。谁知道该写点什么呢？大家都不作声。

"让我想想。"

既是让他自己想想，大家就没事，我们退下，副校长为他拉上了门，让他独自一人坐着想。

几个人聚集在一间小房子里休息一下，才过半小时左右，副校长便前往探看，两三分钟还不回，我也赶快过去，原来写在画上方的一大溜字已写完，省委办公厅的一位同志在频频照相了。

真快，没打草稿。

"写成了，"永玉先生对我说，"与画本身毫无关系，你念念吧！"

一看，竟无标点，要念也只好念下去：

小议：知识分子要养成知识分子的习惯。或问已经读过不少书写过不少字了，为何还有什么习惯问题。问题就在于读书写字者，未必都是知识分子，且知识分子未必都有知识分子的习惯。这东西我未必说得清楚。我虽不说，但相信人人都能领会。一个人是不是知识分子，这不是扮出来的，要看他的成色、他的分量，加上一套又一套的解数。做艺术也是如此。艺术家好扮，功力难扮。有不少人是在演艺术家，长头发蓬松，满脸胡子。要是技艺做好了，有没有大胡子，长头发，其实是不重要的。知识分子是继承文化与发展文化的活物，全活动充满生机，是很有搞头的，也是值得一生为之奉献的，不过很艰难，很苦，很累，还有点悲壮。记得我在沈从文先生墓园竖过一块碑，有这么一两行字："一个士兵要不战死沙场，便是回到故乡。"我说的战场是广义的，哪个行当不是战场呢，是不是？

一九九九年八月十三日，为践前约，作湘荷白鹭以赠吉首

143

大学，并书废话一通凑兴。

湘西　黄永玉

　　的确，这《小议》与《湘荷白鹭》无直接关系，但这画本身所显示出来的成色，分量，一套套的解数，不正是对什么是知识分子，什么是艺术家的一个最好的示范吗？

　　画成了，字写了，于是盖印，以确认这画出自谁手。当然用印大小，落印位置也有讲究，仍得由他自己动手。

　　收了印，叼着烟斗，静静地再把全画上下左右地又审视一遍，似无可挑剔，侧过身来，略略大声一点对我们说：

　　"好！送给你们了！"

　　真是一字千钧或千金了。此话一出，驷马难追，这般辛辛苦苦画出的精彩大画，就属于我们了！

　　也在一旁的省委接待处及省委办公厅的几位同志惊羡地看着画，又看看我们，都不作声，不知有何感想。

　　我当然十分高兴，如果高兴地跳起来也不足为奇。只是，我也立即想到，难道就这么简单相送了？此时此刻，连一个有鲜花，有鼓掌的授受仪式也无法筹备，甚至用红纸写张感谢信，请人用普通话朗读一遍的套路，也来不及表演一番了。

　　"感谢了，我向你一鞠躬吧。"匆忙间，就地取材，只有这一手了。于是招呼在一旁执相机的同志准备照相。

　　"哈，还要立此存照！"永玉先生笑了。

我略略与他拉开距离，一鞠躬，感谢他的辛苦，他的手艺，他的大方，以及这大方中所包含的一片情意，永玉先生笑纳了。闪光灯及时地闪了一下。

"让我也来一鞠躬，代表吉首大学书记和全体师生。"副校长站了上来，也是一鞠躬。闪光灯同样及时地闪了一下。

仪式完成。两张照片都照得很清楚。事后有同事见到，评论我们态度都不够严肃，鞠躬时还笑嘻嘻的！帮我们开脱的则说："他们捡了这么大个便宜，怎能不笑？"

简直不得要领！这画难道是分给我们两个的吗？

"我这样认真，能不画得好吗？"

"把画拿到宽地方看看吧！"

永玉先生一声招呼，我们六七个人小心翼翼地抬起画，出门，又进门，放在永玉先生会客的大厅地毯上。

此时，天已黑，蓉园二号楼所有灯光都亮了，工作人员见画抬到了大客厅，也挤过来观光。

这画，略略拉开距离看它全貌，真是堂哉皇哉，气象非凡。

"提起来再看看吧！"

我和副校长将画两端悬着提起来，画太长，中间由我们的司机小罗帮忙提着，画纸把他全挡住了。

永玉先生此时退到窗边的沙发上坐下欣赏自己的作品。态度怡然，红光满面，招呼摄影的为这画照个相。正待要按快门，永玉先生兴致勃勃地站了起来，说："我也参加一个！"边说边向我所提的这一角走来，在画前席地而坐了。

永玉先生在万荷堂完成巨画《西洲曲》时，也曾坐在画下留影，高举双手，欢呼"乌拉"！

《山鬼》，是他的杰作之一，1993年在香港完成。画罢最后一笔，已是凌晨2点，外面倾盆大雨，兴奋中的永玉先生和他的助手，赤了脚，顶着风雨从山上的画室冲到山腰的住所去。

"这画裱好了，请人照相，可以制成明信片送人。"对《湘荷白鹭图》，永玉先生如此建议，显然他自认为画得不错了。

永玉先生长年累月处在创造美的情境中，为美所激发起来的兴奋和快乐，使他没有心思挤出时间来谦虚一下。

电视台曾访问过一位十分成功的全国劳模，记者说他运气好，这劳模回答："我这样勤奋地工作，还会运气不好吗？"永玉先生很欣赏这回答，曾套用这话说："我花了这么多年工夫，又这样认真，能不画得好吗？"

永玉先生曾说过沈从文先生这样的事，沈的章草是全国知名的，一幅字写下来，自认为精彩的，也曾忍不住在旁批上"此字甚好"，并画上一个箭头加以确指。

这，也许是艺术家应有的真诚。

"好宝好宝，拿起就跑"，照罢相，我们卷好画，拿在手上，并不坐下，想伺机告辞。永玉先生看出我们的架势，说："你们慢点拿走吧，等一下杨正午同志要来，让他也看看！"

我们只好留下来。兴奋中的永玉先生，又写了两张条幅。

那天，正逢湖南全省经济工作会议召开，作为省委书记，杨正午同志上午作了长篇重要讲话，下午又主持各地市领导人讨论，大家发言踊跃，以致散会迟了。杨正午同志一进来就说让大家久等了，立即邀请贵客入席，永玉先生却邀请他看画。

光彩照人的《湘荷白鹭图》再次展开，杨正午同志和随他一道来的官员们也是一阵惊讶，赞美，七嘴八舌，有人指出这是吉首大学"镇校之宝"，有人提示要"严防小偷"。

杨正午同志看完画，又读罢《小议》，连声叫好，并侧身对站在他身边的副校长说："《小议》是黄老生平经验的高度概括，吉首大学师生们要好好学习，要领会，要宣传。"

当主客一道去就餐时，我们也不向谁告辞一声，卷了画，高高兴兴上车，回了学校驻长沙办事处。

没料到，第二天下午，接到电话，说湖南电视台采访永玉先生，他们请求看画，并要让它在电视上露脸。永玉先生起身找画，连门角落也找过，仍不见，才认定昨夜就被我们卷走了。于是，有人打电话追来。我、姚克波、副校长几个人又只好冒着大雨将画送去展示一番。

画展开在客厅地毯上，许多人拥上去看，或是为了迎接镜头，把我挤到二线来了。也好,因此听到了些议论。有人在议:这么大幅画,值多少钱?可换几台小车?更有人问,吉首大学何来如此大的面子,黄老专程为他们作如此大画?

关于面子问题,其实很好解释,他只消挤上前去,仔细看看大画的作者字号就可弄清。那署名是"湘西黄永玉",而吉首大学正是办在湘西的最高学府!

16日下午3时,永玉先生回北京,副校长、姚克波和我也去机场送行。在省委接待处的车上,我坐在永玉先生后排,路上他回头问我:

"这次,你任务完成得愉快吗?"

"轻松愉快!"这属真实感受,因此,脱口而出。下面本来还有半句"再来一次也不嫌多"。这属希望的话,但立即感到不妥,把它咽回肚子里了。

1999年9月9日匆匆写成于吉首大学图书馆学生阅览室

(原载《吉首大学报》1999年10月10日第256期头版)

为文：美与善构筑起来的精彩细节

"为了太阳，我才来到这个世界。"★
——黄永玉的人文情怀

鲜明的、饱满的人文主义情怀，是构成永玉其人一份正气的深层根源，是造就永玉作品丰富内涵的一个重要因素。

在"四人帮"横行时期，人们只要一提及"人文主义"，或它的另一称呼"人道主义"，当年许多人就会如临大敌，咬定你心怀叛逆，应予扑灭。

其实，平心而论，欧洲文艺复兴时期的人文主义者以"人道"反对"神道"；以"人权"反对"君权"，提倡关怀人、尊重人有什么不好？二战中，反法西斯阵营不也是高扬着人道主义旗帜吗？

在中国古代先哲们那里，关怀人，尊重人的思想不绝如缕。试想《礼记·礼运篇》中提倡的"大道之行也，天下为公"又何伤于当今社会主义从空想走向科学？而《老子》中说及"天

★本文是在黄永玉艺术创作座谈会上的发言，原名《浅议永玉的人文主义》。

之道，损有余以奉不足；人之道，损不足以奉有余"。揭示这种社会不公现象，哪点又有害于马恩列斯毛的阶级斗争学说呢？

当然，这里讲的古典人文主义不包括历代帝王及其御用文人宣扬的"爱民"言行。因为稍微聪明一点的帝王都知道，把老百姓逼得太急，自己美好的日子就不长了。

至于民间，人文主义精神更是源远流长，古代人那份"万物有灵"的观点，特别像楚人那样强旺的生命意识，会很自然地孕育出重个性、重自由、重平等之类的意识来。其通俗直白的说法甚多，诸如要"通人性""讲良心""不要伤天害理""自己活，也让别人活"等等，这些看似拉杂的说法，实属人文主义的祖宗。连这些也视为异端，其结果自然只能让兽性猖獗了。

永玉是个人文主义情怀鲜明而饱满的人。至于他这份思想来源于何处？我看古今中外都有。他读书多，对中国古代诸子熟悉，对欧洲文艺复兴以来杰出的思想家和艺术家也熟悉。他经历复杂，在中国人民反法西斯战争中颠沛流离，跟随着中国一大批文化精英作抗敌宣传。其后几十年，各种花样百出的政治运动他几乎全都身历其境，正反两面的体验甚多。因此，在谈论他的人文主义精神现象时，我们不可能，也没有必要学究式地将他的表现强行与中外先哲思想或民间传统观念逐项对照，逐项挂钩，刻意分出其属土属洋，或属此属彼。他是艺术家而不是哲学家，人文主义思想在他这里，常常只会以一种个性化的情感态度表现出来，或爱或恨。我们的研究，只消看他这爱或恨表达的生动性和深刻性也就够了。

永玉钟爱万物，崇敬生命，重视人的平等和自由，讲求真诚，反对虚伪，痛恨任何恶势力对美好事物和人权的践踏。这种人文主义情感反映到他的作品上，相应地也就出现两大类：其一是对一切富于美感和生趣现象所做的礼赞，其二是对轻贱生命庄严和世情种种伪善所做的谴责。两类作品，熟悉它和喜爱它的人都多，不过，对后一类作品存在的意义，人们常有所忽略。细心想来，后类作品恰恰是永玉人文主义情怀表现最为直露的部分，这属他较之自己同行某些人更显丰富和深沉的一面，也是他有时不免惹事的主要原因。

这里，我们不妨回头看看四十年前他在邢台乡下搞"四清"时所写的一些"动物短句"，他借用动物口吻，说长道短，指桑骂槐。如老鼠自白："我丑，但我妈喜欢。"蜘蛛自白："在我的上层建筑上，有许多疏忽者的躯壳。"猫的自白："用舌头洗刷自己，自我开始。"毒蛇自白："据说道路是曲折的，所以我有一副柔软的身体。"对于这类话语，凡从那个时代过来的人都容易懂得所指何事，知道其讽刺是尖锐的。在"文革"中，他因这些短句，挨了"革命造反派"一顿痛打。

"文革"中，永玉和众多同事在挨过第一轮批斗后，被送往干校劳动改造，以利脱胎换骨，成为顺民。一次，永玉偶尔读到巴特蒙尔关于生命庄严的诗句："为了太阳，我才来到这个世界。"这诗句，触发永玉联想到自己，也许还有自己的亲人和朋友，来到这个世界上，为了什么？又得到什么？太阳下的风景又是如何？感时伤怀，忍不住躲在被子里痛哭了一场，若干年后，为另外一些事所引动，他就这诗句画过一幅油画。

二十世纪七十年代中期，"文革中"祸国殃民的"四人帮"被粉碎，全国人民欢欣鼓舞，奋起控诉"四人帮"一伙民贼的累累罪行。在一片讨伐声中，永玉也用自己的诗、文、画发出一连串的强音，其人文主义情怀，这期间得到了淋漓尽致的表现。短短一篇《江上》，写几个十六七岁的重庆姑娘，响应伟大领袖的号召"上山下乡"，春节前夕，获准返城过年，穷得每人仅能带一担柴草作为奉送父母的礼品。在船上，虽然买不起有点菜的中餐，却很快乐，因为较之还留在乡下的另几位重庆女孩，自己是幸福的，另几位不能回家，是因为"没有裤子"！

这期间，永玉的国画给人印象格外强烈的应数《天问》。在乌云翻滚的天空下，身着鲜红大袍的屈原，仰头披发，高举双手，扳着指头，似在一桩桩、一件件地数落着、质问着，情态激昂，穷究不舍。永玉用这形象十分传神地记录了当时中国人的强烈愤懑。而黄苗子先生在那画上书写了屈原《天问》全文，密密麻麻，正好隐喻着罄竹难书的"文革"灾难，以及中国百姓也许永远弄不清的千百个"为什么"。

1988年至1995年，永玉定居香港，遍游欧洲，前后长达六年之久。由于种种原因，其作品批判锋芒常常更为直露，其人文主义情怀则显得比以往任何时期更为深沉。

目前，我远未见及这一时段中永玉的全部创作，估计如"带你们到天堂去，不去的杀头"，这类令人浮想联翩的东西不会少。特别值得谈及的是他的一组雕塑。由于充分发挥了这一艺术手段具有的巨大概括潜力，其分量就显得格外厚重。

如《据说有一种叫自由的东西》，一眼看去，那是一双自由伸展的手，似大有可为，可是再往下看，手肘部分被绞缠成为死结，能自由吗？谁来解开它？

有一座雕塑为《巨蟒》，它吞足了众多弱小者的生命，即使这些生命还横梗在腹，鼓胀欲裂，却丝毫不影响它威严盘踞，昂首顾盼，一副天下莫余毒也的情态，似在声言："干了，尔奈我何！"

更为出色的一件则为《人子》。九十年代中期，一次我从印尼回来，途经香港，去永玉那"山之半居"就餐。刚跨进他家门，便为门后杂物架上一尊高仅尺余的古铜色雕塑吸引住了。从比例看，这是一位高大健壮的青年，其胸腹间最惹眼的是两个十分写实、十分深邃、十分残忍的弹孔。从姿态看，这年轻的生命在枪弹的重击下，身躯即将倒下却又不甘倒下，全身肌肉紧绷、青筋暴露，摊手、仰头、发如烈焰，表现出极度的痛苦、愤怒和不屈，几乎是呐喊有声，令人震撼。曾有一内地记者见及，顿时泪下。想不到这么一件小小雕塑，有如此强大的概括力，它控诉着古今一切强权滥杀无辜的深重罪孽。

时间有限，我这个不免偏长的发言应该打住了。总之，永玉一份基于强烈人文主义情怀而引发的对轻贱生命、无视人权以及与之相应的伪善行径的批判，无不具备着入木三分、不依不饶的特征。毋庸讳言，有着这类特征的言论和作品，在特定环境和特定时段中，极易引发反感，被视为"刁民"，更甚者被误会为"叛逆"，弄得或明或暗的压迫不期而至。这不免让喜爱永玉的人，常为他有几分担心，唯愿他学会躲闪、逢凶化吉。

说到这里，我不免联想到今天在座的永厚，其情况与永玉有类似处。人们认定他的创作传统"文人画"特色鲜明，这是就其笔墨趣味而言的，如究其精神实质，称他的画为"人文画"更为确切。他也是一位不依不饶、令人侧目的角色。

有朋友私下议论，认为永玉反正功成名就，年纪也大了，何不把自己一份强烈的人文主义精神淡化软化，混迹于一些只在技巧上作不懈追求的同行名流之间，充当大师，岂不快哉！此言有理，也易于实施。不过，我认为近些年来，国家进步快，大家都目标一致地在追求建立一个"以人为本"、公正和谐的社会，永玉似已不必为平安计而改弦更张。更何况，真如此，人们所熟悉的、敬重的、坚持"独立之精神，自由之思想"，因而正气充盈的永玉，必将令人惋惜地消隐了，值得吗？

　　谢谢大家。

2005 年元月 29 日据发言录音整理于深圳滢水山庄

我丑，但我妈喜欢。

文抒真情，画为心声★

——大话《永玉三记》

《永玉三记》包括《罐斋杂记》《力求严肃认真思考的札记》《芥末居杂记》三册，故曰"三记"。

《永玉三记》于1983年12月由三联书店香港分店首次发行，书中那些为文字所配的水墨漫画是永玉1983年夏天在香港主持个人画展期间抽空所作。该年底，三联香港分店专门为这批插图举办过一次展览。北京三联书店1985年6月出第一版，此后则一版再版，热销至今已二十余年了。

《永玉三记》虽同时于1983年12月初版发行，但三册各自成文年代却不同。《罐斋杂记》成文于1964年、1965年左右。《力求严肃认真思考的札记》《芥末居杂记》则成文于1979年至1983年间。在内容上，大致都属对病态世象和人情的嘲讽。但

★本文原名叫《〈永玉三记〉导读》。

由于成文时间前后相距几近二十年，因此留下不同时段的一些烙印，也引发出一些不同的遭遇。

另，《永玉三记》各册在表述体例上有着十分显眼的区别，这份独特性为之带来了艺术上各不相同的精彩。

正是由于三册成文时段和表述体例的不同，逼得我这一"导读"无法采取"一锅煮"的方式，而只能是"缸边洗萝卜，一个个来"。

动物短句：《罐斋杂记》

一、"四清"时消遣时光的短句

文学课教员在讲授一个作品时，先要介绍该作品成文的时代背景，这已是老掉牙的"教八股"了。可是，讲《永玉三记》这类短小杂记，如不提供背景材料，对于年轻同学来说就难于弄懂它由何引发，所指何事，妙在何处。这里详讲也不可能，只好对每册成文时期社会历史情况作点简介，另外，当引例作解说时，对与该例密切相关的世事又作点补充。

关于《罐斋杂记》的成文时间和缘由，永玉在本册代序中说"邢台地震以前，我一直就待在那里生产队搞'四清'，无聊烦闷之余写些'动物短句'消遣时光，日积月累成了八十多余"。

河北邢台地区发生六点八级的地震，时间是 1966 年 3 月 8

日和 22 日两次。至于"四清",正式名目是"农村社会主义教育运动"。它始于 1963 年,1964 年和 1965 年全面铺开,先是在农村基层"清工、清账、清财、清库",后演化为"清政治、经济、思想、组织",故简称"四清"。"四清"由上面派工作队下乡,仿照当年开辟革命根据地和推行土改时的办法:"访贫问苦,扎根串连",发动不曾当过生产队、大队干部的贫下中农起来揭发批斗当过生产队、大队干部而又手脚不甚干净或思想不甚干净的贫下中农。工作队的组成,核心成员为"经过严格挑选和审查"的可靠分子,但一些单位也抽派一些阶级斗争觉悟可疑的文化人参加,意在让他们通过与贫下中农"同吃同住同劳动"而改造非无产阶级思想。永玉大概属于后者,所以在这场事关社会主义成败的运动中还会感到"无聊烦闷"而悄悄"写些'动物短句'消遣时光"。

"动物短句"成文于"四清"运动期间,但究其诱因而言,当然不只限于"四清"这一时段的社会生活。我认为与此前他个人几十年间人际交往的体验有关,更与此前一连串中国特有的其他"运动"有关。比如 1957 年把知识分子和其他人打成"右派",二十年后说是扩大化了的"反右派运动";又比如 1958 年至 1961 年的"大跃进""反右倾"运动;等等。那年月运动真多,全民上阵打麻雀,让麻雀累得从天上摔下来也属运动之一。不少运动是那样地有悖常情常理,因而造成了人性的扭曲，世风的变坏，这些在"动物短句"中有着深浅不一和隐显不同的折射。

二、"罐斋"由来

本册由83条"动物短句"组成，出版时定名为《罐斋杂记》，大约为求得与另二"记"配套所致。"罐斋"由来，与永玉"文革"期间曾蜗居北京火车站罐儿胡同有关。那时原有较宽房子被人收走，全家居处十分局促，沈从文去过那里，见里面人和物挤挤夹夹，戏呼之为"罐头"，永玉就此美其名曰"罐斋"以示一点穷风雅。

三、只限讲一句，多了不算本事

"动物短句"在表述上最显眼的特点在于：作者严格以所涉动物的生理形态和行为习性为依据，为之拟定自白或做出点评。自白也好，点评也好，只限讲一句，多了不算本事。这一自设目标，逼得作者只能抓住一点，力求传神以巧妙指向人事。如"小老鼠"，作者代为拟出的自白为："我丑，但我妈喜欢。"全册短句，大都如此。

四、警世·幽默·诗情

现对本册"动物短句"粗略地归类和有选择地解说如下。

其一，揭露险恶世象，警示人们小心。

如"蜘蛛"："在我的上层建筑上，有许多疏忽者的躯壳。"这是从蜘蛛的生性写起的，它用几乎透明的游丝织就一片大网，高悬屋角树梢，这就是它的王国范围，它端居其中，或外出巡游，让疏忽者自投罗网，然后从容而残忍地加以收拾。永玉为蜘蛛拟就的这短短自白，颇让人感到它那点自鸣得意的霸气。

如"蛾"："人们，记住我的教训，别把一盏小油灯当做太阳！"飞蛾扑火是它的生性悲剧。至于人们把小油灯当成太阳的惨痛教训，似乎也不止一次了。不宜全怪小民愚昧，实在是有太多巧舌如簧的阿谀之徒，把小油灯鼓吹成了太阳。

又如"蛇"："据说道路是曲折的，所以我有一副柔软的身体。"本来"道路是曲折的，前途是光明的"是政治家鼓舞人们的"真理"。可是毒蛇也懂了它，且有着混迹于这曲折道路间特有的优越条件，你想想，这前途光明与否，何等难测！

再如"猫"："用舌头洗刷自己，自我开始。"其实这明显不是猫的专利，历来从大政客到小流氓，从大报到小报，屡见不鲜，何用多说。

"世事洞明皆学问"，这类短句如此机智俏皮，初看好笑，继而引发深思。书中"鳄鱼""狼"等均属之，不一一列举。

其二，鄙薄卑劣虚伪，嘲讽病态人情。

如前面提到过的"小老鼠"："我丑，但我妈喜欢。"这口吻，十分自得。一切丑类都有主，他的元首，他的上级就是他妈，生养他们，并庇护他们成为"硕鼠"，他还会在乎你们的指画么！

又如"布谷鸟"："我在凉快的绿荫中吆喝人去劳动。"布谷催春，这鸟从来在人们心中都有良好印象，可永玉偏偏盯住了那片"凉快的绿荫"，让人想起晴天和雨天，有随从代为举伞，自己在田间地头指手画脚的"公仆"来。

再如"黄鼠狼"："我总是在临走时给人留下深刻印象。"贼兽黄鼠狼紧急逃窜时，有着放屁掩护以摆脱敌手的奇招，联想到某些政客、明星和熟人临下台时给人"深刻印象"，实出一辙。

此外，如"长颈鹿"："我在上头吃惯了，俯下身来时颇感不便。"本来在上头吃是长颈鹿生就的身体优势，永玉却看到它"在上头吃惯了"那点小得意的心态，一下子巧妙地指向人事。还有"臭虫"："杀死我，不可惜你的血吗，先生？"典型的无赖口吻。

属这一类的短句较多，如"麻雀"："我喜欢拿别人的小是小非来锻炼口才。""河马"："不管咋说，俺口大也算个本事。""蚱蜢"："一被逮住就猛点头。""狗"："失掉主人，无法不见人就摇尾巴。"

其三，从动物百态中见及滑稽，寻觅趣味。

如"乌贼"："你耐心等着，我给你找火柴去。"黄鼠狼逃窜，放屁以作掩护，乌贼开溜喷吐如烟墨叶遮挡敌手视线。这一短句写乌贼奇招得逞，逃之夭夭，丢下一句挖苦话给敌手，意思是你已见到冒烟了，可还不曾着火，成全你我去给你找火柴来点燃它吧，再见，再见，休想再见！这同诸葛亮大雾中草船借箭奇谋得手后，让众军士在船上向曹营高呼"谢丞相箭""谢丞相箭"一样气人。

如"蜻蜓"："可以意味我在休息，也可以意味我在使劲拔一棵树。"常见蜻蜓停于枝头杆顶，总是数脚合抱，身成弓形，似具张力，永玉见出它俨然在运足力气拔树，让人顿感有趣。

这一组短句中，有的属永玉移情体察，从动物视角看人，认定它们也会有种种有趣的惶惑、无奈和不平。如"螃蟹"："可也怪！人怎么是直着走的？""蜈蚣"："我原以为多添几对脚，就可以走得快些。""猴子"："不管我有时多么严肃，人还是叫我猴子。""拉磨的驴子"："咱这种日行千里也不易呀！"等等。

其四，拈来美妙联想，见出不死诗情。

如"燕子"："一枚远古的钥匙，开启家家户户情感的大门。"燕子来了，带来春消息，人们已习见了。经永玉点破，这是开启人们情感之门的远古钥匙，让人顿生诗意。在"四清"那样"天天斗"的环境里，永玉一份诗情不死，实属不易。刘勰在《文心雕龙》中论及创作心理特征时说过："文之思也，其神远矣，故寂然凝虑，思接千载，悄焉动容，视通万里。"显然艺术家对时空流变的敏感捕捉，是生发诗情的一个重要因素，也是引起读者共鸣的一个永恒的主题。下述短句，都有类似特点。

如"萤火虫"："一个提灯的遗老，在野地搜寻失落的记忆。""鲸"："远古历史遗弃的孤儿。""蝌蚪"："童年的瞬间。"

另如"雁"："欢歌历程的庄严，我们在天上写出'人'这个字。"关于雁，宋人有极好诗句云："直将羲颉开天意，横写云霄最上头。"在人权频遭轻视的时段里，永玉有此诗样短句，显然是有所期盼的。

五、雪地里的寂寞小花

一、《罐斋杂记》中八十余条"动物短句"绝大部分近乎寓言。历来寓言都是借助人或动植物的简短故事讽喻世事和人情的。古希腊的《伊索寓言》，十九世纪俄罗斯的《克雷洛夫寓言》，中国先秦诸子如《庄子》中的寓言，均具上述特征。永玉这些"寓言"，可能是寓言中最短小的一种了，都只一句，却有着相当大的联想空间，且妙趣横生，当年这算得上别具一格的新产品。现在能写这样一句话寓言的人已多起来，且也有写得相当好的。如"老虎"："老虎屁股摸不得。摸得，拿钱来！"

二、在中国，1957 年有位年轻诗人流沙河借草木形态写过一组讽喻短诗，名之为《草木篇》，作者因此获罪，被划为"右派分子"。1962 年 8 月，李健彤小说《刘志丹》被斥为"利用小说反党是一大发明"，作者及相关人员被立案审查，斗得死去活来。随之，一大批电影、戏曲、杂文受到批判。1965年10月，吴晗的《海瑞罢官》涉嫌为彭德怀元帅翻案，也遭到了批判。山雨欲来，闷人的政治气候已让文化人笑不起来了。永玉对这形势似乎有些麻木，在邢台乡下还穷快活，独立思考，写下如此这般含沙射影、指桑骂槐的"动物短句"，私下还拿给朋友看，引得别人"笑不可抑"，自己也开心，还想回北京后加上插图出个小册子。全然没想到万一有人赏你一句"利用寓言反党也是一大发明"，看你往哪里逃？事后情况，果然不佳，从邢台回到北京，"文革"风暴劈头盖脸而来，他被"笑不可抑"的朋友检举了，交出写有"动物短句"的小本子，接受批判，好在那些短句极短，指向宽泛隐秘，罪行难于坐实，不过还是招来一顿痛打，"动物短句"也因之散失，直到"文革"结束，才从四处找回。这是《永玉三记》中《罐斋杂记》所独有的一份传奇，此处录以备忘。

三、鲁迅诗云："血沃中原肥劲草，寒凝大地发春花。"在那个中国知识分子严重失语的年代，文化界如果没有梁漱溟、陈寅恪这类谔谔之士，如果没有顾准这样"虽九死而犹未悔"的思想家，那么，如今回眸，一片荒原，草木不生，岂不太丑人了！至于当年永玉这组"动物短句"，则多少算得上从雪地里钻出来的一朵小小春花，向人微笑着，它孤单寂寞了点，仍属十分难得！

"文革"反思:《力求严肃认真思考的札记》

一、"太不懂"的"文革","不太懂"的"文革"

《力求严肃认真思考的札记》成文于"文化大革命"结束后不久。

"文化大革命"全名为"无产阶级文化大革命",通常简称"文革",为当代中国所独有。它从1966年到1976年,距今三四十年。在座的年轻同学对它是"太不懂",而像我这样亲身经历它全过程的小百姓至今仍属"不太懂",就是专门研究它,写"文化大革命"史的人,由于相关档案至今没有全面公开,这些研究家的工作,也未能深入。

有个写"文革史"的人转引某人的概括:"'文化大革命',它是一场由领导者错误发动,被反革命集团利用,给党和各族人民带来严重灾难的内乱。"

"内乱"二字倒还准确。那实在是一个充满阴谋与残忍的内乱时期,如今想为诸位作点简介,头脑里还乱糟糟的,似懂非懂的东西太多。

那年月,人际关系被人教唆得坏透了。亲密战友加害亲密战友,同事诬陷同事,学生凌辱老师,妻子揭发丈夫,儿女检举父母,都以"革命"的名义把对方往死里整,且蔚然成风。

反正人人自危，疑神疑鬼，道路以目，哪有今天这样"以人为本"、"建立和谐社会"的一点点影子！

那年月，连日常语言也相应地充满杀气。从大人物到红小兵出口都恶狠狠的，动不动就是"全党共诛之，全民共讨之""横扫""炮打""誓死""造反""揭开画皮""戳穿嘴脸""揪出示众""砸烂狗头""打个稀巴烂""斗垮斗臭""把他打翻在地，再踏上一只脚，叫他永世不得翻身"！至于随着恶毒语言一道兑现的"革命行动"就不必说了。

1976年9月9日，毛泽东主席去世。不到一个月，操纵"文革"十年之久、以江青为首的"四人帮"被捕，"无产阶级文化大革命"戛然而止。

于是开始清点"四人帮"的滔天罪行，仅就对中国人的人身权利伤害而言，以下几个统计数也会令人毛骨悚然。

其一，1980年11月到1981年1月，审判以江青为首的"四人帮"。判决书中宣布，"文革"中大约730万人遭到诬陷和迫害，其中3.5万人被迫害致死。

其二，1980年9月，最高人民法院院长向第五届人大报告："'文革'中全国经过法律手续错误判处的'反革命'案17.5万多个，涉及18.4万余人。"未经过法律手续乱判的当然不在其内。像个别地方视生命如草芥，毫无人道可言的事情，是很令人震惊的。

其三，1979年，第四届文艺工作者大会上曾宣读过"文革"中丧生的100位作家的名单。学术界死的不在其内。

以上统计数不一定很完全，但仅就这些也足够想象其背后隐伏着多少悲惨故事。要不，叶剑英元帅何至于称"文革"为"浩劫"！

好在被颠倒的历史又被颠倒过来，"四人帮"被送进了过去他们专关自己政敌的秦城监狱，有几个先后死掉了。

黑暗终于过去，天亮了，中国人获得了大家公认的"第二次解放"。"拨乱反正"，人们欢欣鼓舞，快乐非常，同时又总不免要对刚刚过去噩梦般的"文革""浩劫"进行难得其要领的苦苦反思。永玉《力求严肃认真思考的札记》《芥末居杂记》，还有那一时段他所创作的不少诗歌、散文、绘画都属这种情感状态下的产物，因而嬉笑怒骂，交错杂陈。

《力求严肃认真思考的札记》共68条，这个总标题是《诗刊》主编邹荻帆于1983年刊发这组文字时给取的，连永玉也觉得有点"怪"。

我的猜测，邹主编明知永玉这"札记"十分清洁健康，还是用上这个"怪"题目，说不定意在预作声明，"札记"虽然充满嬉笑怒骂，却全属经过"力求严肃认真思考"了的，态度老实，别无用心，如有不妥，敬请原谅。

二、借题发挥

本册札记写作体例上的根本特点在于：其一，借用常见汉语词汇做出不常见的引例发挥而指向世情；其二，对一些常见的汉语词汇做出不常见的解释，即完全不同于正规辞书的解释，令人倍感新鲜有趣。

三、鞭笞荒唐世事

本册条目较多，只好与讲《罐斋杂记》一样，先对其内容做出粗略归纳再适当选例加以讲解。

其一，初获"第二次解放"，倍感历史公正，对先前有过的荒唐世事，随机巧作鞭笞，开心之至。

如"帽子"："戴帽子是个大发明，给人戴帽子是一个伟大的发明。"这句话里，前面"帽子"指的是穿衣戴帽的帽子，后一个"帽子"，指的是政治倾轧中，扣在敌手甚至远非自己敌手者头上，无形的，却足以识别其政治身份的标志。"文革"前的如"胡风分子""右派分子""右倾分子""阶级异己分子""二十一种人""白旗"等等，且不罗列。"文革"期间新增的有"黑帮分子""三反分子""五一六分子""反动学术权威""走资派""死不改悔的走资派""叛徒、内奸、工贼""可以教育好的子女"等政治定性十分明确的"帽子"。此外，政治定性比较宽泛含糊的则有"牛鬼蛇神""保皇派""风派""小爬虫""政治扒手""什么学问也没有，专门以势压人的大军阀、大党阀""臭婆娘""狗崽子"等。有人说这些"帽子拿在群众手里"，该扣才扣，其实这"帽子"的发明权和使用权高度集中于"四人帮"一伙手中。在"文革"中，一旦被扣上这类"帽子"，不死也要脱一层皮。至于这些"帽子"当年批发了多少，同学们用我在"时代背景"介绍中提供的一些数据可作推测。永玉认为"给人戴帽子是一个伟大的发明"，有理，因为这种有中国特色的"帽子"，就花色品种之多，和一旦被戴上后果之严重而言，空前不成问题，绝后也有可能。我常想，应当有人编一本《"文革"大辞典》，收罗此类词汇特有的用法，否则，随着中国社会日益民主和谐，年轻一代会不知道诸如"帽子"，以及常与之配套的"辫子""棍子"之类字眼在政治斗争和倾轧中实际所指何物了。

　　如"水果"：永玉认定它是"一种历史上时常创造奇迹的神物"。并说"芒果"就"曾经起过推动历史前进的作用"。这话有依据，"文革"中毛主席曾将几个芒果，有人说是一篓赐给领导北京某单位"斗、批、改"的"工人毛泽东思想宣传队"。一时间，全国各地"工宣队"用木头仿制，刷上红彤彤的油漆，捧了它进驻各单位，声威大震。

　　如"气球"："飘浮在高空的斑斓巨物，但是，哪怕是针头大小的批评，它也受不了。"这则解说，很像是讲被人们鼓吹得云里雾里，光焰万丈而又跋扈小气的一把手之流。

再如"墓志铭"："这个人的一生，正确加错误等于零。"这人是谁？不敢妄言，细看插图，也不清楚像谁。不过，对此人如此盖棺定论，颇让人难以判断，这东西属"该死的"，还属"不该死的"。

其二，欣逢言论一时宽松，兴奋异常，对眼前人情丑态、社会杂症说长道短，冷嘲热讽。

如"速度"："物质运动的形式。比如坏人一下子变成好人，快得连闪电也颇感惭愧即是。"这很像"四人帮"的帮凶和帮闲，主子一倒台，他们立刻反戈一击，到处诉说当初在主子身边如何受排斥打击云云。又如"惭愧"，说的是"文革"中写过别人许多诬陷材料的人，当别人死后得到平反时，这害人者又"可以写一对极沉痛的挽联去参加追悼会"，好像此前什么事也没发生。又如"宽容"，这则释词中，永玉引了安徒生的话："我幸福，我原谅你们！"同时又并列引用爱伦堡的话："学会憎恨是不容易的。"到底如何是好？"文革"结束，面对曾诬陷和斗打过自己的同事和朋友，原谅还是憎恨，确是一种两难选择。

在这一组内容里，有一部分是针对当年官场病的。如"吹牛"："慢慢地连自己也信以为真。"如"涵养"："明明知道讲台上在胡说八道，却装着自出娘胎以来头一回听到的那种新鲜劲头，和感恩的各种表情。"永玉认为这就是"涵养"，还说"学生往往比教授更需要它"。如"鼓掌"："有时候听众太动感情，因为这个节目总算熬过来了。"再如"挤"："按姓氏笔画为序"这本是官场，包括文坛上为解决除最高领导外，诸多委员争名争位矛盾的最佳办法。永玉举一反三，想到把它推广到公共汽车上防挤上来。

本组条目中，有些是涉及当时一些文化现象的。如指出一些蹩脚"电影"是"化了装的人在轮流讲故事"；"风景区"是"格言最多，音响最大的地方"；"迎客松"用得太滥，"像上帝一样，它无处不在"；"悲歌"，表演过分，"只顾哭，把唱歌也忘了"。

至于对物资供应匮乏情况下，服务员态度恶劣的批评，此处从略。

其三，"解放区的天，是明朗的天"，看什么都顺眼，轻松心情，四散投射，生活琐事，亦见出滑稽。

如"级别"："蚊子对这档子事一窍不通，它连局长和主任都敢咬。"如"抽烟"："敢死队员。""戒烟"："火线起义。""刷牙"："假笑。""干杯"："一副自我牺牲的悲壮表情。""肚脐眼"："从另一世界捎带来的毫无作为的观察家。""放屁"："穿裤子的云。"此句系苏联无产阶级革命诗人马雅可夫斯基一首著名诗歌的题目，永玉扯来释"屁"，虽贴切，但似乎有失恭敬。

关于"吵架"一词，永玉的阐释更有新意，说它是"一种有益的工间操。""有利于培养各种型号的高度文化教养的外交家,且能随时增进血液循环与肺活量等等。假如加以拳脚的配合,则更能收到回肠荡气，五内俱佳的功效。"

四、新时代的词语新解

其一，利用词语新解达到指斥社会病态和表现个人情感的做法，并不始于永玉。十九世纪末，美国有位与马克·吐温齐名的作家安·比尔斯著有一本闻名于世的《魔鬼辞典》，共四百余条。他利用词语新释，辛辣地讽刺了人类的愚昧，文明的虚伪。如"人"："一种动物……它的主要职业是消灭它的同类。""外交"："一种为自己国家利益而说谎的爱国主义艺术。""大炮"："一种用来校正国家边界的仪器。""警察"："这是一种武装力量，它使人们免遭暴行，同时它也参与暴行。"等等，这类释词由于大都指向文明社会漫长历史积淀下来的阴暗一面，因而具有一种普世性的特征。

其二，较之《魔鬼辞典》，永玉《力求严肃认真思考的札记》中的词语新解，则更多地打上了中国特色的时段性烙印。当时是"四人帮"轰然倒台不久，日后将凸现的烦人矛盾仅初露端倪，就在这不长的几年间，人们更多地还在享受着"第二次解放"的欢乐，以及较多地对荒唐岁月做出种种反思，加上环境一时较为疏松，于是嬉笑怒骂之作，如雨后春笋竞相而出。内容指向，大都集注于"文革"，《力求》也不例外，正因此，要读它，必须对"文革"那一时段之种种有所了解，这也是我在本课开讲时为"时代背景"多费了些口舌的原因。当然，年轻同学应了解"文革"，目的远非只在便于读懂《力求》这类作品，更重要的是诸位要想理解今天中国"摸着石头过河"的改革开放，如不了解"文革"这场灾难，便不易明白它的来龙去脉和难能可贵之处。

其三，至于这种词语新解后来为什么不写下去了，永玉答："大概是因为没有兴致了吧。""乘兴而来，兴尽而返"，似很随意。我的估计是：一、"四人帮"倒台，人们"却看妻子愁何在，漫卷诗书喜欲狂"的日子渐渐远去，永玉思想随之有所转移；二、永玉长于作诗、作文、作画，各类形式都想试试，不习惯在一处停得太久。下一课时即将讲到的《芥末居杂记》，便明显又是一个新品种。

故事新编：《芥末居杂记》

一、味道辛辣，令人不舍

本册成文时间与《力求严肃认真思考的札记》大致相同，都是在"文革"后几年之内，不过稍为迟些。写这组文字时，作者心态似略趋平和，因而内容上"时段性特征"有所减弱，

178

形式上则格外讲究语言的典雅。

按："芥末"即芥菜种子所研细末，辛辣，可调味。"芥末居"，查永玉住处，无以此正式命名者，这里用上"芥末"二字，不外乎认为自己所提供的这组文字，有些辛辣呛人而又令人不舍的味道而已。

二、一是巧思，二是修辞

就体例而言，本册各条则近乎古典先秦诸子寓言和笔记小品，因此文字比前二册的略长。

1985 年 1 月 1 日《瞭望》周刊第 1 期有一篇"专题报道"，标题为《中国正在进入渴求知识的时代——他们在读什么书？》，其导语云："年末岁首，本刊向下述读者提出了三个问题：一、在 1984 年所读书中，您最感兴趣的是哪一部？二、您现在正读什么书？三、1985 年您计划首先要读什么书？"被问而作答的共有三位，一位是中共河北省委书记高扬，一位是著名经济学家薛暮桥，一位是著名作家夏衍。夏衍对第一问的回答为："《社会语言学》（陈原著），《文心雕龙创作论》（王元化著）和《芥末居杂记》黄永玉著）是我 1984 年读过的书中最感兴趣的几种。"

夏衍生于 1890 年，是位多才多艺的作家，写过小说、剧本、文学评论，还翻译过俄国和日本的文学名著。二十世纪五十年代末六十年代初好像还当过一阵文化部副部长。他比永玉年长二十四岁，是永玉十分敬重的老师辈熟人。他读《芥末居杂记》时已八十四岁，说这书是他 1984 年所读书中"最感兴趣"的三本之一，不会是故意鼓吹。

我读《芥末居杂记》，感到它的最大特色表现在艺术性上。简言之，一在其巧思，二在其语言。因之，这是本课讲授重点，其他略为提及便罢。

就巧思而言，作者除对人有着独特机智俏皮的观察外，对其他动物、植物、器皿，亦能发掘其活跃的幽默内涵，让人感到妙趣横生，拍案称奇。这巧思又可归纳为两类，一属个人自创，二属故事新编。

就语言来说，作者有意运用优雅的古文进行表述，只在对白中偶夹俚语方言，一份简洁潇洒、文质彬彬而又神情俨然的格调，颇近《庄子》寓言和《世说新语》的风韵。

以下引例做出简析，以资对上述两点做出证实。

（一）个人自创。

例 1:《鸡问》（见北京三联书店 1985 年 6 月第 1 版 P33，以下引例页码均依此版。）

"二月小公鸡，乳毛尽脱，复生之羽仅臀部三数根，自觉可观，乃仪行于道。

一成年公鸡独立瓦垅，雏鸡不识为何物，昂首问曰：'尔其谁?'公鸡侧首视而不答。雏鸡复问：'尔习何技?'亦不答。

雏鸡怒，弯脖整（振）小肉翅欲作长鸣，反复不得宛啭。公鸡啄其弱冠掷于墙外曰：

'速入托儿所！'"

试看，全则129个印刷符号，如减去24个标点，全文仅105个字。十余字写出小鸡尚不堪入目的外形后，接之用"仪行于道"活画其自我感觉良好的情态。当大模大样向成年公鸡提出"尔习何技"这样不知深浅的问题得不到答复时，竟然敢于"怒"，要显点本领给对方瞧瞧，露出的却是"反复不得宛啭"的尴尬，终于引得大公鸡从不屑到动武，轻松地将其抛出墙外，还爆出一句"速入托儿所"的警告。百余字的短短寓言，描写如此传神，事态如此跌宕，节奏如此明快，结尾如此余音绕梁，令人佩服。所作插图，雏鸡羽毛数根，近乎赤膊登场，亦可笑。

例2：《蚁登高》（P175）

"一蚁登干牛粪之顶，眼空无物，巍巍然豪气自胸中出，顿感前不见古人后不见来者之妙，不可无题，乃奋笔疾书杜诗二句于壁：

'会当凌绝顶，一览众山小。'

书未讫，雨至，溷陷于粪稀中。"

本则除去标点，仅71字。

我们家乡有一则歇后语："蚂蚁子打哈欠——好大的口气。"永玉巧思，此蚁所"登"仅一堆"干牛粪之顶"，本已不堪，却感"巍巍然"，将时空膨化得其大无比，一派哲人兼诗人气概。正洋洋自得，突然狼狈，构成巨大反差，引人同情又不能不笑。反观诸人，从小得意处瞬间跌落，庶几近之。

例3:《狐教子》（文略，见P31）

平日习见戏曲中多情书生或小姐出场，开场白爱用"今日天气晴和，不妨郊外走走"，于是引出缠绵剧情。本则第一句为"是日日暖气清"，也俨然一个美妙的、长长的故事开始了。岂料故事不仅甚短，还戛然而止于"亲莫如父亦不可信"这样一句恶毒的教唆上，大出读者预期之外。此刻回顾，作者前面貌似从容的叙述，全属老狐精心设计的"身教"组成部分，最后"言教"，总结而已。教子有方，引人顿悟。

本册"自创"一类，妙文甚多，不一一列举。

（二）故事新编。

例1:《请君入瓶》（文略，见 P137）

名著《天方夜谭》中有一故事：渔人于海网得古瓶，启塞后出一巨魔，欲手刃渔人，渔人急中生智，以"瓶至窄，焉能容若"激得有几分呆气的巨魔当场表演，"立化烟缕，袅袅入瓶"，渔人迅即盖紧瓶塞，复掷之海，叫他永世不得翻身。这故事让人开心已上千年，可是在永玉笔下，故事翻新，说的是今之渔人欲故伎重演，请魔入瓶，岂料时至今日，巨魔大有长进，深知"历史的经验值得注意"，"大笑曰：'如此，如彼。'乃捏渔人颈脖塞入瓶内掷之海。腾空而去"。

例2：《秋水新段》（文略，见 P203）

《庄子·秋水》中有一寓言，说鸱得腐鼠，正待享用，鹓鶵飞过，鸱担心鹓鶵会夺其口粮，发出"吓"声，以示休有非分之想。它不明白鹓鶵是"非梧桐不止，非练实不食，非醴泉不饮"的高贵角色，岂会在意你的一只腐鼠，太把人看扁了。可是永玉的《秋水新段》果然新颖，他写道："鸱得腐鼠，鹓鶵过之。仰而视之曰：'吓！'声未落，鹓鶵竟夺腐鼠高扬而逝。"鸱大出意外，引庄子所说鹓鶵高贵挑食习性加以质疑，不料"鹓鶵嘻曰：'伙计，庄子鬼话，你还信得？'"永玉敏锐，确实是时代不同了。

例3：《跛伯乐》（文略，见 P173）

韩愈有云："世有伯乐，然后有千里马。"意指千里马虽常有，如无伯乐发现，定然"骈死于槽枥之间，不以千里称也"。永玉此处所写，伯乐严重失误，竟然没有相出这千里马有翻脸不认人的德性，以致将它"一牵上台阶，即狠狠给老子几脚"。不仅让伯乐负伤跛行，且一世相马盛名肯定也给踢掉了。这一故事新编，新就新在让人十分容易地联想起近几十年让某些人复职和挑选接班人时发生的一些趣事。

类似故事新编，书中还有一些，从略。永玉巧思，与时俱进，见及人心不古，引人快乐，至于其文辞技巧之种种妙处，细心读者定会有许多发现。

三、讽喻世象百态，揭示人性弱点

《芥末居杂记》共有短文 107 则，大都属幽默与讽刺之作。由于本课时间主要用于对其艺术特点的举例分析，此处内容介绍只好从简，采取略作归纳，罗列条目的方法，以求让诸位有个大概的印象。

其一，讽喻世象百态的，如《寺前松》《重睹热闹》《狐教子》《德才论》《廉颇病散步》《乘火者》《难怪》《降级》《岛上春秋》《跛伯乐》《秋水新段》《剥鳞甲》等属之。

其二，揭示人性弱点的，如《宫商驴》《二罐》《吃老本》《猪澡》《鸡问》《龟兔重逢》《后遗症》《蚁登高》《佛鼠》《离娄续篇》等属之。

其三，见出思维错位的，如《桌四足》《波斯猫》《拾宝》《大家之言》《文野之分》《独奏》《老鼠嫁女》等属之。

其四，好事喜弄，惨遭其累的，如《鸡司晨》《腾空计划》《秀发女》《文武之道》《猴子兵》《亲累》《雅俗墙》《狗打滚》等属之。

其五，阴差阳错，歪打正着的，如《蚤弄》《点铁成金》《老手》《论勇》《改了就好》等属之。

其他，略。

四、充满灵气的快乐小品

其一，久违了，如此潇洒简洁，充满灵气与快乐的寓言和小品。它不属充当帮闲，以载权势者之道讨吃的文字，因而没有对人耳提面命的可厌派头。也不属志怪志异，记录名人轶事的作品，无须让人费神揣测其真假。它取材于现实生活，借助一份特有的才气，弄得意趣纵横，发人深省。在皇权时代，这类作品就一直难于高产，"四人帮"统治下，它更是近乎绝种。刚进入"新时期"，永玉即写出如此妙品，令人倍感新鲜，难怪当年夏衍也曾将它列入"最感兴趣"的读物之一。

其二，读这《芥末居杂记》，让我再次感到古文这一表述方式的潜在魅力，它讲究语句的简洁、传神的准确、节奏的响亮，乃至音韵的悦耳，种种长处所造就的一份优雅，令人难以名状。反观近年来也挤入了文学作品的一些时尚语言，张牙舞爪，泥沙俱下，包括置汉语语法于不顾等滥俗现象，真令人难受，难道还不该作些反省，向古文的优秀传统也学点什么吗？

结束语

一、就形式而言，《永玉三记》中《罐斋杂记》以"动物短句"体例出现；《力求严肃认真思考的札记》以词语新解体例出现；

《芥末居杂记》则以优雅的古典笔记小品和寓言形态出现。这是永玉在艺术形式上喜爱追求创新的反映。不过，这多样中也有共同处，十分鲜明地体现在表述语言的高标准要求上。三册共237则短句小文，无论白话、无论古文，都被永玉提炼得异常简洁，而"简洁，是才力的姐妹"。

二、就内容而言，《三记》中许多条目都涉及对社会诸多病态的批判，这种批判又因永玉一份特有的雄强和幽默作怪，无不胶合着或刁钻隐晦，或坦然直露的讽刺特征。批判也好，讽刺也好，尺度很明白，一言以蔽之："以人为本"，人文主义而已。能如此则源于他一贯不折不从，守持了一个知识分子应有的品格，即"独立之精神，自由之思想"。

三、永玉自己曾声言："文学在我生活里是排在第一位的，第二是雕塑，第三是木刻，第四才是绘画。"永玉年轻时在香港一家报社当编辑，写过不少散文，还写过电影剧本，拍出过。二十世纪八十年代所写散文《太阳下的风景》《蜜泪》和杂文《吴世茫论坛》等反响甚佳。诗歌集《我的心，只有我的心》当年还荣获过一等奖。《永玉三记》只是这许多文学作品中的一种而已。进入九十年代，写有《永玉三记》的续篇四、五、六记，还写有散文集《沿着塞纳河到翡冷翠》及两部未完成的长篇小说《大胖子张老闷传奇》《无愁河的浪荡汉子》，据说最近正在写一电视剧脚本。比之同代作家，其成绩颇属可观，以至一位知名作家笑言："永玉抢我们饭碗来了！"不过，也许因他长期靠教绘画领工资、分住房、评职称，又曾任过中国美术家协会副主席，加上美术作品总是那么好看且不用花多少时间便可欣赏，种种原因，人们习惯于视他为绘画大师而忽略了他的文学。今天，我有些力不胜任地来做此《〈永玉三记〉导读》，除了想让诸位对《三记》有个基本印象外，还想就此提示大家一下，别忘了文学领域里的黄永玉！

2005年8月21日于吉首大学。两三天间，气温从38℃降为18℃。

1985年11月，初次从黄永前先生手里借到香港版的《永玉三记》，连续三夜照抄照画，还写下一些感想，拟写《评〈永玉三记〉》，不料直到20年后的今天，才写成这《〈永玉三记〉导读》来，有点莫名其妙。

附：《永玉六记》的"后三记"

二十世纪八十年代末到九十年代初，其间六七年，永玉是在欧洲及当时还是英属的香港度过的。这期间，他和往日一样，十分勤奋，作了许多速写、油画，将种种异域风情收入笔底，同时还将游历见闻，写成一本《沿着塞纳河到翡冷翠》，又开始动手写了《大胖子张老闷传奇》和他的自传体小说《无愁河的浪荡汉子》。此外还作了《人子》《六月的手》《我听说有一种叫作自由的东西》等一批雕塑。这是他艺术生涯中的一次大丰收。

也就在上述奋力创作的时段里,永玉还用偶记的形式写出了《往日,故乡的情话》《汗珠里的沙漠》《斗室的散步》。这三册书于1995年由他儿子黄黑蛮以"古椿书屋"的名义在香港出版发行。编者大约认为这也是一些杂记,编辑时便向此前十年左右出版的《永玉三记》靠拢,整编后改了番号,名之为《永玉六记》,此后北京三联书店发行时,也就六本同时作为一套推出。这里为了介绍的方便,我将四、五、六"记"呼之为"后三记"。

"后三记"创作于永玉浪迹天涯,潜心创作的时候,因而多出了一份对故乡强烈的忆念和对创作实践新的感悟记录,当然也不会忘却曾经纠缠过自己的阴郁世事,想起来便令人动气,不免生出些巧骂来。

"后三记"的写作缘由,作者在每册前都写有代序的简语,介绍得扼要而又充满情意。

一、《往日,故乡的情话》简语云:"再差三十年,就是一世纪的浪迹天涯,故乡的闪念太多,山水、生活、隽语、人物、情调、片断的哀乐,油然发生于朝夕。对于朋友,我记下的这些东西不知他们喜欢不喜欢? 明不明白? 有无同感? 有如泡一杯家屋山背后摘下的野茶敬客的意思,偷偷一瞥他的微笑吧!"

作为与永玉同街坊的我，虽然比他年纪小，却有着与他相近的童年环境，读这册书，就像小时吃多了甜酒一般，有点恍惚，又极清爽，在一篇《故乡月明》的文章中，我写过以下一段话，照抄下来，算是对永玉此书的一点介绍。

"近年，永玉出版了一本《往日，故乡的情话》，书中所记，为家乡风物在他童年时给他的零星感受。诸如：'我们凤凰县的蝴蝶不单好看，有的还香。''秋天树叶一落，屋里宽多了。''毛毛雨，打湿了杜鹃的嗓子。''老营哨的鸡叫，梦里都听见。''大热天中午，走过了拉胡琴的算命先生，通街人午觉都睡得舒服。'这些闪着梦幻般微光的碎片，六七十年过去了，被他从记忆深处打捞起来，令人醉迷。而这种对事物细微特征的高度敏感，和对由这敏感同时引发的某种情绪的超常记忆，正是一个艺术家所不可缺失的基本素质。"

二、《汗珠里的沙漠》代序的简语为："一些文化艺术的札记，不知别人是否和我一样感情狭隘？得意之笔只想到亲近的朋友，估计他们的喜欢。没他们，这个世界有什么好'舞'的？"短短两三句，把本书写什么，为谁写，都交代清楚了。

本书记录了永玉长期艺术实践的多种感悟，特别是身在欧洲，在对比观照中，许多认识更为清晰和深化了。且略引两类，作为管窥。

如："创作先要形成方法体系和步骤体系。""创新不是满街

去捡别人不要的东西。""执着重要，气质更重要。""基本功重
要，感觉更重要。""小说里，故事好固然重要，由谁来写更重要，
几乎是很重要。""艺术家喜欢把'表现自我'说得非常重要而
可爱，首先我想知道一下，他本人有多少可爱？""控制住热情，
见好就收。""灵感是成熟后才有的触发。"这些都属永玉对艺术
家主体问题的一些对人极有启发意义的思考。

又如："中国人懂得中国的打击乐，强弱、快慢、疏密、长
短……其实加上颜色，就是现代美术，加上西洋乐器，就是现
代音乐，大家没有试过而已，可以试试！""我常常专注交响乐
中一两层的背景音乐，试着为国画中的背景寻找出路。"这些属
对音乐与其他艺术相通关系的探索，由此及彼，理论上呼之为"通
感"，聪明的艺术家都有这方面的悟性。

总之，这本札记涉及的都是艺术创作方面实实在在的经验
之谈，我认为可选为艺术系的教学用书。不过必得有真正懂点
艺术而又善于朴实地加以阐发的教员才行。最好不要让美学教
授来讲，因为他们中多数人只擅长于把好懂的讲成不好懂的。

《汗珠里的沙漠》，这一书名颇有点怪，如果直接解说为汗
珠里有片什么广袤的沙漠，这就更怪了。估计作者面对自己这
一百二十余条林林总总的经验体会时，不免也产生点惊异，都
是我的吗？这么多！一时间，多年来种种艰辛跋涉、上下求索
的意象拥挤重叠而上，压出了这个只可意会的书名来。

三、《斗室的散步》代序的简语为："从巴黎一路写到翡冷翠，口袋里放个本子，想到就记，像随街捡东西，像一路上跟朋友聊天，像疯子见谁骂谁。至于'斗室'这两个字，自己的局面而已。"

意思很清楚，个人局面虽小，但心事浩茫，过往的、眼前的种种在脑子中一锅煮，顺手夹起什么便品味什么，酸甜苦辣，一应俱全。内容上与"前三记"有近似处，共 169 条，借用《世说新语》对其五花八门条目归类的做法，列为"政事""德行""识鉴""容止""语言"等项，似也合式。其间涉及"政事"的将近四分之一。也许是由于若干年间亲历火爆激烈的荒谬世情太多，刻骨铭心，一旦与之在时间和空间上拉开了距离，痛定思痛，更看清了其间的严酷。如："眼下世界上的国王像老百姓，革过命的掌门人都像国王。""我带你们去一个人间天堂，不去的杀头。""刽子手一直以为自己的职业高尚而情调十足，甚至是个艺术家……""不是用折磨就是用官职，把整整一代文化精英都毁了。""硬着头皮说，硬着头皮干，硬着头皮顶，这就是政治。""人死了，并不是所有人都在'寄托我们的哀思'，以至于跑回家去躲进被窝大笑一场的也大有人在。""别以为坏人一死历史就会翻新，想想母蝎子死了之后，破裂的背上爬出许多小蝎子。"永玉说自己"像疯子见谁骂谁"，我觉得可以加一句阿 Q 的名言："谁认便骂谁！"

其他关于"德行"的、"识鉴"的、"容止"的、"语言"的，太多了，随手引几条轻松吧："灿烂而不叫嚷，只有花。""污染，污染，最受害的是脸。""树在扇风哩！山太热了。"

反正，仁者见仁，智者见智，自己去看吧！

至于"后三记"的插图，与"前三记"水墨漫画不同，"后三记"纯用钢笔作单线勾勒，这种极单纯的线条语言，被永玉用得随心所欲，炉火纯青，简捷、灵动而传神，细细看去，是一种享受。

以上，属对永玉"后三记"最简单的介绍。

2005 年 8 月 21 日晚 11 时半于吉首大学教师宿舍 15 栋 2 楼。屋周林间，秋虫唧唧，好个凉爽天气！

一个九十岁人的运气

——不受羁绊的《无愁河》

近几年，黄永玉先生的《无愁河的浪荡汉子》第一卷在《收获》杂志上连载，我的一些朋友，读过不少章节后，无不称奇，频言精彩。但也因得知此系作者本人"自传"，不免引发出这样或那样的若干置疑来，略加梳理，大致包括如下几个主要问题：这是怎样类型的一部"自传"？其"真实"程度如何？为什么要对当年小城人、事、物如此广为吸纳？面对这样复杂多样的内容，作者靠了个人怎样一些优长来写好它的？另，还有人提出这样的作品"价值"何在？

现将我对上述问题的理解，简要说来，供参考。

一、《无愁河》既属永玉先生关于他童年时期心灵成长经历的"自传","真实"就应成为它的根本前提，可是，为什么作者一动笔就将家乡小城更了名，将自己一家改了姓？

《无愁河》第一卷系一部自传性作品，书写的是黄永玉先生童年时期个人心灵成长的真实历程。

在《无愁河》中，所写小城内外风景、街区弄巷均属实有。八十余年过去，格局未变，名称未变，甚至那条长不过三十来米、尿臭扑鼻的毛家弄也气象依然。一个外地人如有兴趣，循着书中所写王伯当年带着传主狗狗（序子）上学所经街巷走去，定然一样会到达狗狗曾就读的那所树木葱茏的母校：文昌阁小学。这里，唯一应做出交代的变化，是传主原来在北门内文星街文庙巷的那栋祖屋——在 20 世纪 50 年代初，因相邻的县立中学扩建，将他家那栋木结构的祖屋完好迁到了西门外的白羊岭。

在《无愁河》中，凡进入作者描写圈的人物，均系从当年现实生活中拣选而来，序子一家及其亲戚朋友自不待言，仅就序子个人的老师、同学来说，个个真名实姓，不少后来还一直待在小城生活若干年。其老师和同学中，就有十来位当过我小学或初中的老师。至于作品所涉其他高层精英、市井趣人，凡 20 世纪 50 年代前在凤凰生活过一段时间的人，大都知道或亲眼见过，特别是那几位令人敬畏有加的"潮神"（疯子），谁能忘怀。我想，当地长者中，谁如有兴趣，为《无愁河》写出本什么"人物考"，当不属什么难事。

总之，《无愁河》中，小城风景街区、老小人物均系实有，合乎传记写作要求。可是，为什么作者却偏偏要将小城更了名，传主改了姓？

要破解这个疑团，看来还得费点神，绕上个圈子，从作者写这自传时，选用的书写体裁这一问题入手。

常见的自传写作，作者是站在自己当前的位置上，对个人以往经历做出回顾和审视，人们阅读时，自然是一种"身在其外"的感受。

另一种自传写法，则是作者自己回到当年那种种具体情境中去，对相关人物事物做出活生生的鲜明再现，以此引导读者也在那鲜活的情境中走上一遭，此时读者的感受就属"身历其境"了。这状态中，且不说其他收获，仅就对传主的理解，其细微深切程度，自然倍增，大异于"身在其外"。

显然，用引导读者"身历其境"的这种写法，好处多多，但困难也随之多多。试想，自传作者此时想要给予活生生再现的是若干年前的人物事物等等，固然你对当年生活中那些真实人物的心性特点印象深刻，对发生在家庭和社会上的大事趣事伤心事有着清晰记忆，甚至对个人在特定情境中的细微感觉和瞬间情绪也多有不忘，可是，你对当年周边人物在日常生活中相互对话、特定情态等有观察记录可查吗？对多种多样的生活事件如何一步步推移展开？相关过渡环节之巧妙勾连有什么档案备用吗？当然不会有，这情况下，作为作者，你还一个劲地想要活生生地再现当年人物事物等等，引领读者"身历其境"，就只好借助想象来帮忙完成了。

一般文学常识告诉我们，写作中，以特定的人物性格为依托，借助想象来设定场景、展开故事、引发对话等一套写法，正是小说这一体裁最为突出的优长，近乎属其专利。如今你挪移过来助你书写自传，当然可以，但在文学体裁研究专家那里，也就有了说法，因你对小说手法的诸多挪用，将你这样的作品呼之为"自传体小说"，或曰"小说体自传"，并无贬义，也难说不确切。这些专家经过研究，还为这"自传体小说"或曰"小说体自传"立下规矩，即自传作者无论你如何利用想象来帮助你充分地、活生生地再现当年生活，"人物属真、大事不假"这一底线不得跨越，否则，只能归于纯粹小说，不能被视为富于历史真实的自传性作品。

在文学史上，选用这体裁来写自传的人早已有之。我印象中，俄罗斯那位第一个获诺贝尔文学奖的伊万·布宁所写《阿尔谢尼耶夫的一生》当属此类。而鼎鼎大名的列夫·托尔斯泰所写《童年、少年、青年》则无疑是这方面的精品。永玉先生《无愁河》的写作，就体裁选用上与他们相同。

说及这，有朋友告诉我，澳大利亚有位也获过诺贝尔文学奖的人，名叫库切，所写《童年：外省生活场景》及《青年：外省生活场景之二》，也属小说体自传。

　　不过，在我看来，永玉先生对自己选用这小说体来写自传，在借助想象帮忙活生生再现当年人物事物等等做法上，多少有点担心某些读者对此不甚理解，产生纠结，"这是真实的自传吗？"于是，作者干脆主动将小城更了名，传主改了姓，似在借此示意读者——不碍事，无所谓，没关系，你就将它当成小说来读好了，只要喜欢就成！

　　只是，如果你更知情些，定然又会从他为小城更了个什么名，为传主改了个什么姓上，发现他之另一居心。

　　先看，他给凤凰小城更了个什么名？"朱雀城"。"朱雀"是什么？在古代，"凤凰"曾被视为"五瑞之一"，后转化为朱雀，代表南方，和青龙、白虎、玄武成为象征四方之神。永玉先生在《无愁河》中，将个凤凰城改为朱雀城，等于未改。又何况，城名改了，小城山水街巷名字一个不变，岂不也是一种釜底抽薪式的反扑。

　　再看，他给传主改成姓张，也暗藏心机。传主家这支姓黄的人，祖辈不知曾因何事开罪于厉害的当权者，逃来湘西蛮荒之地，为避追杀，将个姓张改成姓黄，同时立下规矩，姓黄的人死后，墓碑上落名时，得改回姓张，以利在阴间与祖宗认同。在《无愁河》中，作者将序子父子改姓张，不也等于未改吗？！

至于其母姓杨，改姓柳，取同物；沈从文一家改姓孙，取谐音，均系顺带，用意浅，可不谈。除此之外，小城其他人物，绝大多数坚持用上真名实姓，这种种不又是对传主改姓可能带来的负面影响做出的蓄意消解吗？！

总之，表面上，小城改了名，传主改了姓，其实则仍在曲折求"真"，这样做，作者又是在向我们释放着怎样的信息呢？我看，这是向读者示意：你们看，我不是处处都在严守着"人物属真，大事不假"的底线吗，请放心，还是将这《无愁河》当成一部真实的自传来读吧，与一般自传不同处，为个让人"身历其境"，只是借用了"小说体"而已！

二、在《无愁河》中，所见当年小城老少，大都活得生趣盎然，十分快乐，现实中果真如此吗？抑或仅属作者这面"哈哈镜"映照的结果，且为全书带来了几乎无处不在的幽默？

这一提问，显然由"自传"写作要求"人物属真"这个基点衍生而来，针对的是人物心性是否真实，很得要领。又，这提问是从群体角度说事，也很好。如果逐个来提，答来就会冗繁不堪了。

《无愁河》中所写小城老少，生活于二十世纪二三十年代期间，当然属所谓的"旧社会"了，可是他们大多数却活得十分快乐，现实中果真如此吗？根源何在？

凤凰城区及其东南乡镇的人，主体属古代楚人后裔中的一支。

古代楚人当年在中国南方殊死拼斗，开疆拓土，筚路蓝缕，以启山林的艰难历程，养成了他们雄强尚勇、重义轻利、爱美恋乡、敬老爱幼、尊重读书人等突出的性情。再加上楚巫宗教中"万物有灵"的原始观念作怪，强化了他们生命意识的同时，也模糊了他们的阴阳界线，娱鬼嬉神，不怕鬼，甚至也不怕自己当鬼。这样的群体，早就属"一不怕苦，二不怕死"之流了。他们雄强、自信、想象丰富、顾忌不多，平日当然总会活得十分快乐。

古代楚人这份性情，因种种地理、历史的原因，在湘西这里得到传承，在凤凰，更见特殊。原因是小城从明清到民国初，一直是湘西一座军事重镇，多数人以雄强为上、义勇为荣，古楚人性情传统因之得以全面张扬。沈从文早就察觉到当地人性情上的特殊性，呼之为"游侠精神"，并指出，与其他许多地方的群体比较，这里人"当属另一型范"。

说到这，我们大致可以明白，《无愁河》中一伙人之所以活得十分快乐，实与其一种普遍的传统性情相关。

当然，仅说个传统性情还远远不够，还得说到当年的社会现实，看这现实是如何为之提供了使之得以施展的特定空间才行。

《无愁河》第一卷中所涉现实，系 20 世纪 20 年代初至 30 年代中期十来年间的湘西，特别是凤凰小城的现实。这时段，就全中国而言，是军阀混战时期。就湘西而言，则因一位出生于凤凰，名叫陈渠珍的统领者运筹得法，局面相对平稳，虽曾受到过川军黔军借道北伐及"马日事变"的冲击，但为祸时间都短，并未造成湘西总体格局的翻盘。一位专门研究沈从文的美国朋友金介甫先生，曾对湘西这一时段情况做过调查研究，得出结论，说这一时段可谓是近百年来湘西的"黄金时代"，虽涉嫌过奖，但毕竟有不少史料支持。

　　这十来年间，湘西大局相对平稳，作为湘西首府的凤凰城，也即《无愁河》中之"朱雀城"，其情况之好，自不待言，人们各司其职，各乐其业，心情畅快。别忘了，小城这伙属楚人后裔，精力弥满，且为游侠精神深度浸染过，秉性就喜交往、爱热闹、好管闲事、热衷于打抱不平，且极善于谑人也乐于谑己。眼前日子好过，足以有相应的时空条件，让他们这类性情尽兴发挥了。于是，我们得以见及，小城内外，街头巷尾趣事总是层出不穷，令人目不暇接，真算得上是个"生动活泼的大好局面"，而这种种快乐事象，大都具有着一个共同特点：既热辣火爆，又见情见义！

　　在《无愁河》中，作者将这类当年现实生活中有过的，或依据真实人物特有性情推测可能发生的大量快乐事物进行书写，当然不涉及捏造。你看，那位小有家财、略多见识的刘三佬，就会忽发异想，装死躺下，提前为自己认真地开个追悼会，以探知亲友对其情意，到底真诚几何？娱己娱人，堪属小城趣人代表。

大人快乐，小孩们呢？小城大人对小孩的成长，惯于顺其自然，放养居多。地方山水如此清奇，街区景象这么多样，一份楚文化遗存更见神秘灿烂，够这些尚无生计压力的孩子们忙于奔走，快乐非常了。更何况，这期间，地方上先后办起了数所新式小学，为当地这伙野性充盈的孩子们提供了啸聚场所，于是拉帮结伙，在校内校外，惹事频频，几至给人"无恶不作"的印象。快乐，真正快乐！

"快乐"，凤凰人一般不用这个词，土语说的是"快活"。当地多数大人心中有数，毕竟大局前景难测，且为家人生计，岂少操劳，哪能奢言"快活"，为表有自知之明，口头上常谦虚地呼之为"穷快活"。

"穷快活"，好，得体。只是，小城人打从20世纪30年代中期陈渠珍轰然倒台，随后经历了抗战时期，紧接而来又是若干年"你死我活"的阶级斗争，再到20世纪六七十年代的无产阶级"文化大革命"降临，小城人就连个"穷快活"也难乎为继了，余孽虽有，沦为"刁民"。不过，这些均与《无愁河》第一卷所涉时段无关，明白就成。

总之,《无愁河》第一卷所写当年凤凰人,也即"朱雀人"之"快活"或曰"穷快活"之种种,均系当年的真实生活,有着传统性情和特定环境为依据,不是由什么"哈哈镜"映照才生出的幻象。

　　当然,如果完全无视作者这"哈哈镜"的作用,又会陷入了另一种片面性。

　　"小说里,故事固然重要,由谁来写更重要,几乎是很重要。"永玉先生在自己所著《汗珠里的沙漠》中如是说过。

　　《无愁河》作者自己曾在家乡当年那个"快活"或曰"穷快活"的环境中泡过十来年,也成了个"快活"人,自然对周遭趣人趣事格外敏感,也格外记得。如今当他怀着一份"温爱"对其做出观照时,也就更能见出隐伏其间的种种人性、人情的妙处来。你看,哪怕是一场庄严的反帝游行、一场令人伤感的老人出殡,他也能从中捕捉出一些极富生趣的好笑细节,让人顿感活泼、新鲜。作者这一性情特点,确为《无愁河》带来了几乎浸染全书的"幽默",构成了这作品一大十分惹眼的风格特征。

　　《无愁河的浪荡汉子》,仅看这书名,不也折射出作者这位凤凰人一份特有的、雄强的"穷快活"精神吗?

　　我读《无愁河》,每见及作者笔下格外妙趣横生处,忍不住笑时,便不免会想到,作者自己在书写它时,该是多么自得其乐,多么开心!是的,他很开心,曾听他说过,他开心到甚至产生点顾忌来，怕这"幽默"过分密集，被读者误视为单薄的"滑稽"，因此，不时地还对它"有意地压一压"。

至此，对有关置疑，我要解说的都简要地说了，最后想添上的只是两句闲话。我认为朋友因见永玉先生"幽默"超凡，顺口将其比喻为"哈哈镜"，未免粗糙，轻率。须知，"幽默"是爱心和智慧的衍生物，不是什么"镜子"对客体事物变形映照的结果。

三、《无愁河》第一卷中写到"马日事变"波及凤凰，序子父母逃匿，一年多后返回，却没事一般，这可信吗？又序子父亲本系文人，为何最终离开教席，进入行伍，这又缘于何种真实？

"小说体自传"，要求"人物属真，大事不假"，朋友上述提问，关注的即"大事不假"。在《无愁河》中，有两件对童年的序子而言，属于大事。一件引发序子随农妇王伯躲入木里，获得极为丰富的山乡印象，如今构成了其"自传"的精彩篇章。另一件则直接导致序子小小年纪远走他乡，开启了他在"无愁河""浪荡"的崭新历程。

先说"马日事变"，其起因、进程及种种惨烈处，现今的"中共党史"里已说得足够详尽，这里，我只简略地介绍一下当年的凤凰实情。

1927 年 5 月 21 日，国民党军何健部将许克祥在湖南省会长沙发动"马日事变"后，何健与当时代理唐生智湖南省长一职的张某旋即频频下达密令，催动省内国民党军警首脑"严饬所部，缉办共党"。凤凰县驻军于 5 月 26 日行动，捕杀了平日活动于当地国民党县党部内的三名共产党党员：刘劭民、韩仲文、杨子锐。

这三人是如何成为"出头鸟"的？

原来三人中，刘劭民系一身份公开的既属国民党，又属共产党的"跨党"人物。北伐初，倡"国共合作"，刘于 1927 年 1 月由当时实为中共掌控了的国民党湖南省党部派来任国民党凤凰县党部"党务特派员"。这里党部始建于 1926 年冬。刘来后不久，即将原县党部常务委员韩仲文、组织委员杨子锐秘密地发展为中共党员。当时围绕在刘身边的年轻活跃分子，如今还有姓名可查的约十七八人，永玉先生父母属之。这批人中，当时有哪些也被刘拉入他的圈子，外人不得而知。

刘、韩、杨三人掌控了县党部后，迅即将县城里小店员、小摊贩、裁缝、理发匠等个体劳动者组织起来，和当地小学师生一道投入"国民革命"，唱"革命歌"、演"文明戏"，不时还发动大家举行"反列强""反军阀"的示威游行。《无愁河》中，写到两岁多的狗狗（序子）在南门内一家商店柜台上看游行，居高临下地见到他妈装扮成美国鬼子，嘴上贴了胡子，穿黑白条裤子，一手提刀、一手提一桶血，与另几个"帝国主义分子"一道，被也是化装而成的北伐军押着的滑稽一幕，即发生在此期间。另，刘劭民还委派了三位"农运专员"，分赴得胜营、黄丝桥、黄罗寨、禾库等九乡，着手发动农民起来展开斗土豪、打菩萨之类的"革命行动"。

据凤凰曾见过当年小城那"革命"场面的老人回忆：一次以刘劭民等三人为首组织的游行队伍，招摇过市，高喊"打倒列强！""打倒军阀！""打倒土豪劣绅！"的同时，还极富针对性地叫出"打倒土酋陈渠珍！""打倒军阀顾家齐！"的口号。队伍经过顾的私宅时，还将打倒顾的口号叫得格外响亮。又路过县衙门，一伙人拥进去，将县长架了出来，戴上高帽游街。

想想看，陈渠珍是"土酋"吗？陈可是一心一意在湘西推行"保境息民"的统领，眼下系管着湘西九个县的国民革命军第十九独立师的师长，师部即设在距凤凰仅百里远的乾州。顾家齐是"军阀"吗？他可是陈十九师属下的第二团团长，此时其团部就设在凤凰县城。二人分量如何，刘劭民系株洲人，了解不深也许有之，你韩仲文、杨子锐是本地人，也不清楚？三人带领众人如此胡喊乱叫，未免过于张狂，太不懂事，或曰太不懂"斗争策略"。因这种种，当"马日事变"一来，军方接到"缉办共党"密令后，这三只"出头鸟"当然成了"必办"的"首恶"，迅即丢了性命。

《无愁河》中写到，刘劭民三人当天午时三刻被斩首后，狗狗父亲所在考棚小学的六年级学生李承恩、梁长潘匆匆跑进学校大叫："张校长，杀共产党了！""你快走，杀共产党了！"一听这消息，狗狗父亲立即返家去找狗狗母亲，不见，过一阵，自己也不见了。大半年后，城里才有个别人探知二人逃到了川东的秀山。而此时，狗狗尚属他家的独根独苗，家中老人怕因其父母犯事逃匿，将小孩捉了当人质，才将他托付给了仗义的农妇王伯带到木里，让其有了一番不短的山乡经历，获得了许多美好动人印象，若干年后，写入《无愁河》。

这里顺带说说，《无愁河》中所写为狗狗父亲报信"杀共产党了"的两位小学生，均系真名实姓，属我叔辈人物，我小时都见过。梁长潘20世纪40年代末当上国民党凤凰县党部书记长。50年代初，红色政权接管小城，梁是第一个被枪决的。

至于"马日事变"事过一年多后，狗狗父母返城却没事一般，这实取决于陈渠珍的态度。陈本人是不相信共产党这一套的，他也绝不愿就此在家乡滥杀，迫于省里"严饬"，处置掉几个过分惹眼的"张狂分子"，可向上面有所交代也就够了。他明白，在小城凤凰，大家非亲即友，这些跟着刘劭民闹腾过一阵的年轻人，并非什么打家劫舍的土匪，且各有所长，他在湘西"保境息民"是要用人的。我想这也应是狗狗父母回城，陈接见二人时，还可略见几分温馨的由来。

另，说陈渠珍在"马日事变"期间，不愿在家乡滥杀，从诱捕刘劭民三人后那天一连串做法上，亦可见出迹象。《无愁河》中写到了，当地驻军逮捕了三人后，当即押了游街示众，沿途吹号，县衙外还咚、咚、咚放了三炮，以表即将杀人，响动弄得甚大，而此前又不曾将刘劭民三人之外的同伙一个个先做出监控，也不将他们全约来团部"议事"，一网打尽，这都是可做而偏偏未做的事，却只一个劲地大吹大擂地张扬对三人的处置，这不等于在为其他嫌犯通风报信，让其快逃以避风头吗？！

关于狗狗父母逃匿回来未被清算，各自仍当男女小学校长一事，朋友言说，当年反动派对中共人员及其追随者是抱定"宁可错杀三千，不可轻纵一人"之狠心的，因而总咬定陈渠珍对狗狗父母如此"开明"，不合于历史真实！太特殊！

其实，陈渠珍这一"开明"，在凤凰并非特例。我父亲和一位名为陈运武，还有一位姓杨的等三人，当年就是刘劭民委任的"农运专员"。（见《湘西百年大事记》1927年1月第三条）刘三人被杀的当天下午，父亲的姐姐一人急匆匆地赶去五十里外的得胜营，还摸黑走了一段山路为自己弟弟报信。我父亲是个软弱分子，一听大事不好，当夜就翻山越岭地逃去贵州，之后混入那里的军阀王家烈办的"讲武学堂"，一年多后回凤凰。1932年陈渠珍在本城创办"经武学校"时，陈即任命我父亲当了少校军事教官兼第二大队队长。另一"农运专员"陈运武外逃回来,也在"经武学校"当上少校军事教官。姓杨的情况不明。
值得一提的还有一位田君健,先前是刘劭民格外看重的年轻骨干,《无愁河》中,写到他与狗狗父母一道在县党部开会,曾掏出身上仅有的一块光洋,让狗狗父亲转赠给孙得豫当远出的盘缠;又在狗狗所见他妈扮美国鬼子那场游行中,田扮过英国鬼子。田在"马日事变"发生后,外逃超过两年,一回家乡,陈渠珍即让他当了自己师部的少校参谋,接之又兼"经武学校"教育长。田君健、陈运武二人我小时也均见过,论形貌,田儒雅,陈剽悍。田后来在国民党七十三军七十七师任师长,陈任副师长。后在山东兵败,田自杀,陈逃回凤凰。50 年代初,陈为新政权收押,几年后死于狱中。

相信以上一串实例,当可为对朋友所提有关问题做出释疑之参考。

至于序子父亲弃教进入行伍的原因,《无愁河》第一卷后几节文字中,已做出充分而形象的交代。概而言之,不外以下两个方面:

其一,1935 年,陈渠珍苦心经营了十多年的湘西安定大局,被湖南省军政强人何健设计,搅了个全面崩溃,彻底翻盘,瞬间败落。小城景象确如《无愁河》中所写,"冷风秋烟""魂断蓝桥"!这让序子父亲对家乡前景深感忧虑,近乎失望。

其二,序子家中,事故频发,又连连添丁进口,生活困顿,

《无愁河》中对此写得很细，不少场景，读之令人愀然。

以上原因，逼得序子父亲只好离开凤凰，另谋出路。他于1936年去了省会长沙，到差已被改编，调离了湘西，改由顾家齐任师长的三十四师（不久，变番号为一二八师）驻长沙留守处当了一名中尉办事员。之后，不再从教，也不再度回乡。

序子则正因父亲在长沙，小学毕业后几个月，也即1937年春前往依傍。机缘好，得堂叔带去厦门，进了不要学费，还提供食宿的"集美学校"，由此开始了自己"无愁河""浪荡"的崭新历程。

四、常见一般自传性作品，在写法上，大都比较拘谨，只将与传主直接关联的内容收入笔下。可这《无愁河》，作者对当年小城人、事、物之种种，可谓敞开吸纳，几近不避枝蔓，其必要性何在？深层动因又是什么？效果如何？

的确，《无愁河》中，对当年小城人、事、物的书写是饱和的，甚至是超饱和的。

就人物而言，在《无愁河》中，作者除将序子一家亲戚朋友、序子的众多老师同学充分纳入外，小城其他的上层精英、衙门小吏、摊贩商贾、闾巷游侠、市井趣人，直到屠夫粪客，无所不涉，绝大多数真名实姓，只极少数仅具诨名或从业名称。据我统计，这些进入《无愁河》描绘圈中的人数多达四百有余，至于作品里人物对话或作者发表议论所涉古今中外知名政客、武夫、思想家、文学家、大画家、音乐家及小说、戏曲中角色共 270 人左右，不计入上述统计。

太多了，作者常将所涉小城人物分类打包推出。如对城内几位著名"潮神"（疯子）氏回子、罗师爷、老祥、唐二相、肖潮婆、侯哑子等就先来一场集中亮相，以后才让他们各自在不同场合做出表演；又如对滕甲录、田三莩、龙飞等几位游侠式人物，也曾集中先做过专节细写，以后再零星登场；再如对几位拳师的描写，同样是让他们一个紧随一个，"缸边洗萝卜"似的写了个淋漓尽致。最给人印象突出的，当推对县教育局的集中书写，从家有八个女儿的老秘书李研然写起，到季亚士局长，到刘必义等五位科长科员，到滕启烟、包敬哉两位"议事"，到两位文书、杂工及一位手艺超群的厨师郭鼎堂，共十二人，阵容不凡，作者不惜花上两万数千字做出专节细描，近乎一本小《儒林外史》。

再看《无愁河》所涉事物。城乡风景之春夏秋冬、晨昏雾雨自不待说；风俗则春节、清明、端午、中秋到婚丧嫁娶、道士作法、老司迁阶、春信报春，直到地方巫风残存之"草蛊""落洞""赶尸""霄神"等等无所不涉；生活场景则反帝游行、校场阅兵、泼妇骂架、闲人斗嘴、高台唱戏、街头卖艺、乡村赶集、城中贸易等等，真是热闹非凡；至于学校上课、师生交恶之种种，实属常态，就不用提了。总之，对小城人、事、物方面的饱和甚至超饱和的描绘，也属多多。且举一例，王伯去木里乡场，找银匠打制项圈，做给狗狗四岁的生日礼物，就这么点事，可在作者这里，将那乡场写了个市声鼎沸，神采飞扬，花去五千多字，完全可以抽出当一篇特佳散文，单独发表。

够多了！这对一部以写传主心灵成长历程为主旨的"自传"来说，均属必要吗？

民谚有云："三岁看大，七岁看老。"意指一个人特定的心性、禀赋，孩童时即大体定型，并影响其一生。而一个人心性、禀赋的形成，是由其所处环境影响的结果。

这个"环境"，粗略分来，包括社会环境和自然环境。平日我们所说这"社会环境"，内涵甚广，涉及历史的、政治的、经济的、文化的、风俗习尚的等等，这一切，均以人为其鲜活的载体。因此，越是想对某一个人独特的心性、禀赋由来有所理解，就越得对其周遭各类也是各富个性的众人及其相关事件做出具体而充分的展示。这里，特别值得注意的是，此种由众多人构成的"社会环境"，在现实生活中，它构成一种氛围，以细雨润物般的方式对个人产生这样那样、或深或浅的诸多影响，因而人们很难确指某一个人的心性、禀赋仅仅只受少数几个人及其相关言行影响所铸就，这是一般常识，但这也正是《无愁河》

在书写序子心灵成长历程时，作者要对小城诸多人物广为吸纳，做出饱和甚至超饱和描述的必要性所在。

另一个影响个人心性、禀赋形成的是自然环境，其对人潜移默化的作用，显然存在，却更难确指，这也就是《无愁河》中，作者要对当地城乡山川风景，一再做出这样那样精细描绘的原因。当然，山川风景还具有其独立的审美价值，这里就不展开说了。

上述关于作者对小城人、事、物做出广泛吸纳的"必要性"的理解和认识，道理很浅，不必啰唆，接下来要说的是永玉先生为什么格外乐于如此这般，涉及的是其深层动因，或曰"必然性"，值得略知一二。

一言以蔽之，这"必然性"源于永玉先生大几十年来，从未衰减过的，对家乡的一份苦恋。

曾听过湘西古丈人肖离先生说，自己常同沈从文、黄永玉闲谈，每涉及各自故乡，"只有永玉，样样都是他凤凰第一"。又，永玉曾两次亲耳听到在中国工作多年的新西兰老人艾黎说："中国有两个最美的小城，第一是湖南凤凰，第二是福建长汀。"这"第一"，让永玉大为感动，频频借机广为传播，为证明此言不假，他十分喜欢请朋友到自己家乡观光，包括一些洋人和洋婆子。在为自己故乡母校所写的一首歌词中，他说："无论走到哪里，都把你想望。"而在一本名为《一路唱回故乡》的诗集中，他更做出深情表白："我的心，只有我的心，亲爱的故乡，她是你的。"

这份苦恋，多年来，我们从永玉有关家乡的写生画作中，从多种散文、诗歌中，一而再，再而三地见及，无不引发我等一些温馨的共鸣，够可以了。只是，对永玉而言，看来他总感零星，远未过瘾。如今好，来写它一部厚厚的《无愁河》，摊子铺得特大，所涉时间又长，且还用上个"小说体"，足可让他快乐而自由地拉开架势，翻箱倒柜，使出全身解数，尽兴地大干一场了！

总之，正是基于上述"必要性"和"必然性"两大因素的推动，使得作者在《无愁河》中对小城人、事、物做出了可谓情不自禁的饱和甚至超饱和的吸纳和书写。其结果，不只让我等读到了一部关乎序子心灵成长历程的真切"自传"，可以说，同时还得到了一部绝妙的，关乎当年凤凰的《小城记事》，或曰新版的《往日，故乡的情话》。这《情话》一书，永玉先生二十年前写过一次，共117则，短的一则六七个字，长的一则六七十个字，全书三千字左右。可《无愁河》这一新版《情话》，竟多达五十余万字，且不说别的，仅仅为这，如我之辈的凤凰人，也得向他说一声——费神了，多谢了！

五、《无愁河》第一卷所涉人、事、物可谓多矣，但并无由性格冲突引发的跌宕情节贯穿全书，各节中的小故事也少古怪离奇之类，那么，作者又是凭借着自己怎样一些不凡优长，助其作品取得别具一格的成功的？

"小说里，故事固然重要，由谁来写更重要，几乎是很重要。"

要回答上述问题，又得回到本文第三节中曾引用过的永玉先生这一高见上来了。

的确，《无愁河》第一卷中，并无由性格冲突引发的跌宕情节贯穿全书，要说"悬念"，自然只是序子最终会成长为怎样的角色一项，不过，在这一卷里，序子"小荷才露尖尖角"，成龙成虫还远着，不足以构成读者急切关注的焦点。

当然，朱雀城这样一个边远小镇的人物风物的独特性和丰富性是会令人注意的，但这只属一种可能性，真正要让它吸引人，还得看由"谁"来写。

以下，我拟就《无愁河》的成功，来证实一下这个"谁"，也即永玉这个创作主体之能动性，是如何显现其"更重要"、"很重要"的。

其一，作者情感领域的丰富性和独特性，决定了作者在创作过程中选择什么来写和怎样写的基本倾向，最终，这倾向渗透全书，成为一种无处不在的情感旋律。

214

强烈的人文主义精神，可谓属中外一切优秀作家的一份共性，只是，因作家各自所受历史文化环境的影响不同，其人文主义精神又都可见出一定的个性特色。就永玉而言，其人文主义精神，受过自己家乡古楚文化中"万物有灵"这一泛神思想影响，令其深情关爱的范围不仅在人，同时遍及山川草木、飞禽走兽，强度十分惹眼。基于此，永玉对一切富于生趣的人、事、物格外敏感，总怀着一份温爱去体察其种种妙处。一份在书中几乎随处可见的幽默由此而来。其实，正是基于同样的原因，当作者笔下涉及这富于生趣的一切横遭扭曲和践踏时，其激愤和悲悯，自然又会显现出格外的强烈和深沉。

又，永玉家乡因一份独特的历史、地理、制度的原因，令古楚人那种重义尚勇的游侠精神一直得以传承，甚至到近代还一度得到张扬，这也有意无意间丰富了永玉的情感世界。再，永玉出身书香门第，受雅文化的熏染，早早就在心中播下了这诗意浓郁的、可称之为古典情致的种子，种子在此后生根发芽，开花结果。这样一来，在永玉先生的性情中，我们得以见及其雄强与婉约的奇妙共存，它与前面我提到的永玉那份富于自己个性特色的人文主义精神一道，影响了他做人、作画，当然也影响了他的作文，限于篇幅，概不举例。

不过，例虽不举，从永玉先生以下几句话，我们仍可窥见其书写《无愁河》时所持情感的基本状态。他说过，这第一卷如有人强求自己用"阶级观点"观察一切，他怕是写不出也不写它了！又说过，自己拟写的第三卷事涉"文革"，他将站在极"高处"，一道与读者"看，看这尘寰！"。

其二，作者对现实生活中的人物、风物具有超凡的感知力和记忆力，这一禀赋，为其在创作过程中想象的充分展开、细节的精微描写提供了无比厚实的基础。

永玉敏锐，对人情世故，体察甚微，对隐伏于人物语言行动背后的心理把握极细，人物出场，几笔即可活画。很自然，其对传主序子不同年龄段的心理描写，所达准确度就不用说了。仅看《无愁河》第一卷结尾处，序子奉母命到长沙，一见到父亲时，"原本是想笑的，一下子大哭起来"，就这么简单一句，其间心理上的来龙去脉，细心的读者当可理解。

再说，永玉对风景风物特点的感知力，这也许源于当年家乡小孩，包括序子大都很"野"，由此培育了他对大自然、对各种场面和物态，哪怕只是一点声响、一片光影、一抹颜色、一份气味，无不有着高度的敏感和非凡的记忆。这是一种可贵的积累，待他后来成为艺术家时，再回头审视和描绘这些记忆中的风景风物时，所达逼真和细微的程度，常人自是难以企及。我的一位朋友在读过《无愁河》中对小城一夜大雪后的多方面精彩描写后，感叹道："难怪黄先生成为一位大画家！"也许是出于对画面表达在时空上诸多限制的理解，接着又加了一句："难怪他会更钟情于文学！"

其三，在《无愁河》中，作者常不时地将个人独有见识，借机直接或间接地做出表达，为该作品平添了一份惹眼的丰富性和趣味性。

几十年来，永玉先生浪荡于"无愁河"，见得多、听得多、读得多、想得多，脑子里装满了有关社会的、历史的、文化的、人情世故的独特见解，或深沉，或睿智，或尖刻，或滑稽。这种种，在写作过程中，一旦为相关的人、事、物所触动，作者常会有意让它顺势外溢，形成文字，与读者一起分享。

在这种个人见识的输出上，作者采用了两种方式，一是作者公然站出来，直面读者发表高论。诸如谈"暴君"，谈"改造思想"，谈某大人物之善"掀"，谈"君子之泽，五世而斩"，谈"礼"和"乐"之不可共存的原因，谈自己对美学和哲学的不敬，谈老年人如何自爱自处，等等等等，短者数语，多者千言。其中一则论苗民苦难历史及不凡心性，长达一千五百余字，写得作者自己也深感不错，特地嘱咐读者："请不要嫌我写这些啰唆……这不是账单，是诗，像诗那样读下去好了。"

又，作者输出自己高见的另一方式则是借助人物之口来实现的。诸如谈读书，谈诗文，谈画画，谈音乐，谈京剧，谈武术，谈唐三彩马的烧制和悬棺葬安顿方法，直到谈学习"党义"，"懂不懂不要紧，只要信就行"。这种种，推到特定人物头上，当然也可见出恰当，但细究其高妙水平，多数只能是作者自己的。

另，说到永玉见识，其中一部分是涉及日常生活的，真个五花八门，甚至连个"屁"，他也能扯出长长一串中外轶闻趣事来。这里仅说烹调，你看他笔下所写那些厨师或只长于制作某单一菜肴的人，其动手前运筹之精；动手时，其刀功配料火候掌握之细；完成后，其口味之香之醇之清淡之麻辣之令人馋涎欲滴等等，你就不得不坚信作者自己即十分精于此道，钟情此道，这里他不过是在借机向你做出热心的推介而已。正出于此种认定，以至有朋友拟将《无愁河》中专涉烹调的文字悉数做出辑录，编出一本《万荷堂菜谱》来。

说到这里，想到还得顺带再啰唆几句，要讲的是在小说写作中，像永玉先生这样将个人见识就势自自然然引入作品的做法，并非仅有，但也不常见，这属各有所爱。如也拟用，关键得看自己相关见识是怎样的货色，倘欠水准，不宜效颦！

其四，最后拟谈的是作者叙事技巧和语言功力的优长。谁都知道，作者头脑中再丰富精彩的内容，最终都得靠这两方面本领才得以铺排和表达。

叙事技巧和语言功力问题，十分精微，得结合大量例证细作品评方可对其做出管窥。这里，限于个人学力和文章篇幅，我只好长话短说再短说，算是提起一个话头，能引发细心读者就此做出关注就成。

《无愁河》所涉人、事、物繁多，前面我曾专节说过，这状况，如何铺排得宜，是摆在作者面前的一大挑战。如今，就该作品总体看，作者对所写的诸多事件，大都细心地做出了轻重疏密的交替铺排，近乎长藤结瓜。即使在每一单节中，也可见出作者大都为之设定了一二描述重点，这样一来，便为全书的叙事过程带来了一种极为必要和很好的节奏，避免了处处密不透风可能给人的冗繁单调印象，产生所谓的"审美疲劳"。

　　另，作者在材料的铺排上，对事件的过渡，人物出没的前后呼应，均有出色处可谈。仅举呼应一例，在本卷最后部分，作者对此前很久曾重点描述过的王伯，其最终去向，由芹菜补说了一通，引人回想，让人在感觉上，一下子把全书前后内容拉紧了许多。

　　在《无愁河》的叙事技巧中，有一项给我印象相当突出，即作者对同一客体或不同客体进行描述时，常常十分灵动地转换视角，或用近乎"万事通"的人物视角，或用身处作品特定情境中之大人的、小孩的视角；其间有的具高人眼力，有的纯乡巴佬见识，有的刁钻，有的温情，不一而足。在不同视角观照下，被描绘对象极易显现出它格外新奇和有趣的一面来，增生动，令人难忘。例，王伯背狗狗下乡，沿途风景，全由王伯口中说出；又，小城一些人对照相可能被"摄魂"的疑虑，对电影中洋人举止做派的不屑；再如序子这位小乡巴佬第一次见到汽车和坐汽车的古怪感受等等均是。当然，这一技巧，小说作家都用，但像永玉这般用得频繁和熟练，且累见奇效的就难说很多。

接下来，应说到永玉先生的语言功夫了。"文学是语言的艺术"，可谈的更多，干脆从简再从简。

"要是湘西土语别人完全听得懂的话，我写起东西来简直像长了翅膀。"永玉曾这样说过，这一回，《无愁河》的书写，他算是极充分地用上了自己的家乡话，个别俚语方言，怕外地人不懂，加注也在所不惜。其效果是浓烈的乡土气息，不时扑面而来，一些遣词用句之精彩程度，逼得我只好借用"稳、准、狠"来形容了，这是"文革"中习用的恶毒话语。说到这里，得特别提醒一下，千万不宜误会，以为土语总涉嫌粗俗，须知"俗存大雅"，其雅的一面，照样令人如沐春风。更何况，永玉语言修养，不少源于古典诗文，这也强化了其雅的一面，在《无愁河》中，这种语言上的雅俗交响，其所生美感，实难言传。对此，我做过一些思考，有机会，当另文说出。

概括本节，我从四个方面谈了永玉先生在写作《无愁河》时所显现出来的不凡优长，虽粗略，但重要。正是凭借了上述主要几项不凡优长，永玉先生完成了他对自己故乡山水风物、亲朋好友，以及个人金色童年的一次深情回望，在人们面前展现出这样一道长长的、迷人的"无愁河"！

六、《无愁河》第一卷内容饱满，文笔一流，其审美价值当毋庸置疑，只是，这样的作品，对"现实"而言，有什么"积极意义"，也即其"思想性"何在？

"思想性"，含义本极宽泛，但在我等所熟知的语境中，所指其实也就是那个变化多多、极难把握的所谓"政治正确"，即对特定集团特定时段的政治有利程度。

乍听得朋友就《无愁河》提出这"思想性何在"的问题，颇感突兀，继而一想，不就是那个关于评价文艺作品，得坚持"政治标准第一"的思维定式作怪的结果吗？

对这一套，我旁观多年，对其从何处引进，又如何"中国化"的轨迹有所了解，对其褊狭到极致时，给中国文艺造成的严重伤害多有见闻，因之对它的看法也就不少，只是从未充分说出，怕惹是非。

不料，眼前与朋友谈论《无愁河》时，"思想性"这一烦人的问题又被牵扯进来，如何作答，十分纠结。

就在这纠结期间，突然记起20世纪30年代时，"左联"中某些人对沈从文所写《边城》一类作品，也曾提出过其"思想性何在"的质疑，沈做过回应。同时，又记起了21世纪初，就是这位如今写了《无愁河》的黄永玉先生，在与美国朋友哈维的一次谈话中，曾涉及对"四人帮"文艺功利主义的评判，于是想到，何不就将两位的高论，照录出来，供朋友参考，省事多了。

且先看沈从文先生对"左联"某些人相关质疑的回应：

"我要表现的本是一种'人生的形式'，一种优美、健康、自然而又不悖乎人性的人生形式。""你们多知道要作品有'思想'，有'血'有'泪'，且要求一个作品具体表现这些东西到故事发展上，人物言语上，甚至于一本书封面上、目录上，你们要的事多容易办！可是我不能给你们这个。我存心放弃你们……我的作品没有这样也没有那样，你们所要的'思想'，我本人就完全不懂你说的是什么意义。"

再看看永玉先生对"四人帮"所持文艺功利主义的评判：

"艺术这东西，说它的教育性，不如说它的感染性。在中国，相当长一段时间里，过分强调它的功利作用，一刀切，不论场合，不论品类，一个劲地把阶级性、斗争性填塞进去，结果并不能给倡导者帮上什么大忙。我们生活在'四人帮'文化专制下实在太久了。契诃夫写《樱桃园》，写到满园的樱桃树被砍了。那些樱桃树是只开花不结果的一种，艺术更近乎这种樱桃树，只供人观赏而不见实效，类乎'文化'之类的东西……它的摧毁，是一首无言的悲歌。"

够了，相信朋友对沈、黄二位先生上述言说多读两遍后，定然会有所感悟，注意到多年来沉积在我们头脑中某种思维定式的褊狭，同时也会主动地对《无愁河》实属何种"品类"做出必要的定位，并由此淡化掉刻意在其间掏扒什么"思想性""现实积极意义"的兴致，从而专注地进入到对《无愁河》做出审美阅读的愉快过程中来，这多好！多正常！

2013.3.31 于深圳

附《无愁河》所涉人物数：

（一）进入《无愁河》描写圈内，有名有姓，或仅有诨名，或极少数只有从业名称如银匠、锡匠、粪客、街头卖艺者等的人物数量。其中：

狗狗一家10人；父系亲戚31人；父系同事、朋友、学生57人；母系亲戚6人；母系同事、朋友、学生20人；与狗狗关系密切的非亲戚的大人及幼时玩伴30人；狗狗的同学、老师49人；小城上层精英、绅士学人29人；小吏、摊贩48人；闾巷游侠、市井趣人12人；巧匠、平民94人；偶现身小城者6人。合计392人。

（二）在《无愁河》中的叙事、人物对话或作者发表议论中所涉古今中外知名政客、武将、思想家、文学家、大画家、音乐家及小说、戏曲中角色，在此不做分类计数，总计为270余人。

2013.4.1 于深圳

一个人成了名后，

很容易退化，

各方面的，

包括体力的、

精神上的，

要防止这种退化。

智慧的水
——永玉的创作之源

和沈从文在吉首大学："手艺人，不会讲。"

（**背景说明**：1982 年 5 月，八十岁的沈从文先生由永玉保驾从北京回到凤凰，住永玉家古椿书屋。5 月 27 日沈从文夫妇、肖离先生及永玉应邀到吉首大学与师生见面。沈先生快到时，中文系部分师生与校领导在图书馆门口恭候，一辆乳白色小车先开过来，大家迎上去，车门一开，跨出的是永玉，黑色 T 恤衫，蓝色牛仔裤，都是紧身的。他动作敏捷，精神抖擞，俨如一武林高手。他去为沈先生拉开后面车门，沈慢慢出来，一身宽松的灰色中山装。当大家簇拥着沈从文夫妇进图书馆时，永玉已抢先站在门边举起一台小型录像机在拍摄了。那时，录像机在我们这些乡巴佬眼中，还属罕见的洋把戏。

那天，沈先生不肯讲演，只肯座谈。沈发言后，大家请永玉讲，他摆摆手，说："手艺人，不会讲。"此言一出，引来哄笑，接着他表示愿帮大家画幅画，在场的师生一听有此好处，立即鼓掌，但坚持发言不能免，刚作完长篇讲话的沈先生也帮忙鼓动："永玉谈谈艺术吧！"（以下为永玉发言，二十余年后的今天，我据录音做出整理。）

我这人，平日摆摆龙门阵还可以，在大庭广众，很庄严的场面讲什么，就不行了。

我总觉得，我们湘西人大都有这样一种精神，正如沈先生刚才讲的，明知艰难，但不怕苦，能坚持，不回头。不仅属湖南蛮子，还是湘西蛮子，算是蛮子中的蛮子，蛮子精！（众笑）同时，却很忠实，很真诚，只是，不大容易屈服，不驯服。我们是很年轻，很幼小时便在外面谋生，很艰难，大概就是依靠这些东西支持着。我常常想到这个问题，用它为自己敲警钟，不要懈怠。

当然，外面的一些作家、画家，包括其他艺术家，不少人也是这样，一直生气勃勃，从年轻到年老，不停地在工作。

我在美国时，曾拜访过一位剧作家，他就在纽约，现在在美国算是三个著名剧作家之一，名叫阿斯美勒，他的剧作《推销员之死》曾在中国演出过。在他家住了几天，作为一个重要的剧作家，他的财富就不用讲了，他有很大的田地，看不到边，有树林，有池沼，我没有问过他有多少财富，但他家用的桌子、椅子、餐桌、凳子，很多东西都是他自己做的。冬天烧壁炉用的柴火，也是自己到森林里去劈的，堆在那里。一天，他问我们愿不愿帮他搬一下。和我一起到他家的有韩丁的女儿，我的女儿，还有几个美国青年，我们是劳动惯了的，搬点柴火不在话下。他于是开了拖拉机，让我们坐在拖斗里，拉到很远的地方去搬柴火，回来时卸下，堆得很高很高，他说，这够烧一个冬天了。

我说这个剧作家的情况，是想说明一个什么问题呢？就是讲，一个人成了名后，很容易退化，各方面的，包括体力的、精神上的，要防止这种退化。

我们中国的情况，以前在三座大山压迫下，有的人到国外去留学，一回来就成为教授、大专家，同人民的距离，忽然便拉远了，他可以不再努力，一切不用考虑，生活过得很好，技能和修养，既不吸收，也不发挥，逐渐地退化。这样的人，过去有，现在的中国也有，艺术家、作家中都有。一些人，六十岁、七十岁，便再写不出新鲜的东西，即使写，不过是在介绍自己还存在，还有地位，还很显著，但他的作品本身，并不对人有什么启发意义。这种人有，还不少，他们对我们祖国文化建设只起一种消极作用。

有时，想到中国女排，球员在地上打两百多个滚翻，还能继续打球，一个人的能量能发挥到何等程度！人的能量发挥到这个样子也就可以了。对比想来，一个画家、一个作家，为什么就不能也如女排一样在地上打两百个滚翻呢？

我常常想这个问题，想到外国作家、中国古代作家，还有我们现代一些年纪很大，包括沈先生这样的作家，到了老，到了八十岁，还常有新鲜的东西出来，为什么有的人就没有呢？有的艺术家吃定息，靠过去光荣的定息吃饭了。

自己也常感到要批评自己。自我批评，听得很多了，做起来并不那么简单，像照镜子那样。

一个人要有幽默感。好像是马克思说的，"幽默是自己能力超过别人的一种自信"。幽默感有诚实因素在里面，他必须强大，才能不要掩饰，不要欺骗，才能看到自己的问题。有时，要嘲笑一下自己，对自己做得不太得当的事，比如学问上的、工作上的、待人态度上的。白天做了，晚上可以想想，这不是坏事。

我认为，在今天这个社会里，不论做什么工作，都是重要的，这点，往往不太为人理解。应该理解，常常想到怎样把自己从事的工作，在质量上尽力提高它。

比如，今天我们住的招待所，这里，我可要批评一下了。这招待所很漂亮，那些建材不是我们自治州自己能生产出来的，肯定花了很多钱买来，可是厕所很脏，可以用拖布拖拖嘛，我看从来没拖过。（众笑）清洁工、服务员应爱惜。把自己工作做得极好、极好，这样就产生了信心，而且很快乐。每个人都应经常考虑，怎样用求实的态度把自己的一份工作做好。

另外一点，去年或是前年，全国摄影学会召集青年摄影家开会，住了一两个月，要我去讲话，我胡乱讲了一些。我说，有的摄影搞得很假，如照植树新闻，临时找些人去挖坑植树，做样子让他好拍照，这便把一个最基本的原则搞乱了。摄影这个东西，目的就在于告诉别人，世界上的确发生了这样的事情，不信的话，有照片为证。而我们现在有些摄影，变成了世界上不曾发生的任何事，他都可以做出假的来，你不信？他也有照片为证。还有，写小说像写新闻一样，写新闻又像写小说一样，这是范畴上的一个错误。拍新闻照片，最重要一条，我觉得摄影者应该像一个战士打仗时寻找目标那样捕捉对象，这样才能捕捉到最精彩、最妙，而又最真实的那一刹那。

在座诸位都是搞文化的文化人，同时又是一个劳动者。人家问我，你作为一个画家，对自己有什么理解？我回答，我是一个跑马拉松的人。比如，这里同时有一百人参加跑马拉松，我只希望到达终点，并不一定要比别人都跑得快。如果观众中有人讲，你看这个人跑的姿势多难看，样子也长得丑，或者别的各种各样嘲笑的话，我也不会停下来跟他吵，只继续往前跑，我大致就是这样的一个人。还有朋友对我说："你这个人脾气不太好，体力还可以，看样子，你什么都不怕，你怕什么吗？”我说：“是的，我什么都不怕，连鬼都不怕，做梦追鬼，鬼爬上墙，我还要扯住他脚，扯下来。不过，我还是怕样东西。”朋友问：“怕什么？”我答：“怕历史！”我想，一个人怕历史应是一种本能吧，谁不怕，每个人都怕，怕历史把自己的所作所为最终抛弃掉！我对自己的希望，只是跑到终点时，留下一点痕迹，在咽下自己最后一口气时，不感到很遗憾，也就可以了。

先说过，手艺人不会讲，就讲这么些吧，今天下午回去画张不像样的画送给吉首大学，作个留念。

（热烈鼓掌，“感谢，感谢”。）

2005 年 11 月 25 日据录音整理

在玉氏山房与本文作者的谈话：“一不怕苦，二不怕活。”

（背景说明：2003 年 8 月 6 日是永玉老师八十岁生日，亲友们决定到时候要为他庆贺一番，他同意了。不少人事先在筹备送点什么礼物，我无礼物可送，拟在他生日餐会上就我对他的理解作个发言。说定后，突然想到届时面对的将是真正的大庭广众，又犹豫起来。于是，只好求助于永玉，请他同我谈一次话，以利于我捕捉一些可进一步思考的新东西。7 月 22 日下午，我二人在玉氏山房大厅后门边，一面乘凉，一面漫谈，我没有预设问题，也没有带录音机，临时又问又记，谈了两个小时，结果，记录上我如何提问的一个字没有，他说的倒记了不少。谈后，因忙于拟自己的发言提纲，对此次谈话未做出整理，两年后的今天才来动手，为便于读者阅读，对当时零乱的谈话略作归纳，逐条罗列，至于话语，则照原始记录转抄。）

（一）关于自己的性情

平日，别人教导我们"一不怕苦，二不怕死"。"文革"中，自己总结为："一不怕苦，二不怕活。"那年月很严峻，活不容易。沈从文在"文革"中对我说"要从容"，接近这不怕苦，不怕活的看法。"文革"中，坐牛棚，又是下乡劳动三年，我并不那么痛苦，还捉蛐蛐，默记风景。老庄、晏子对我也有影响。

古希腊就奠定了民主的传统，他们有推行这种民主的渠道。思想的和科学的都是这样。中国情况不同，沈括很聪明，但他的思想和科学就得不到推广。指南针、放风筝都不简单，都没有好好推广的机制，皇帝们只求好玩。一个铁匠，将铜锤得很薄，做一个球，飞上天去，也没引起注意，就算了。

中国的社会状态，相当长时期内，某些人的个人意趣起着决定作用。如某大人物不让栽花，王府井大街两边便种了白菜。

一次，廖承志问我："听说你与"四人帮"斗争过，你是如何斗的？"我答："不曾斗争，只是不求饶。"廖说："这就是斗争。"

"贱货！"这是家乡骂人最厉害的一句话，这给了我一个判断人的基本尺度，一个道德尺度，城市人浮华、轻薄的东西就影响不了我，在国外，我也用这尺度判断问题。卖弄学问、地位、财富，都是一种浅薄心态，不大气。

我对友情的态度，也受凤凰习俗的影响，有家乡给予的选择标准作基础，这便是"侠客"，凤凰不断出这样的人物。在社会上，那些行侠仗义的人对我们好，我们也单挑这类人与之密切来往，这就是基础，让自己一生遇上了许多好人。

讲义气，有钱时，无钱时都一样。

我和家乡的关系，是鱼和水的关系，天生的，自自然然的，并不随时要想到那水里又有什么养分，什么意义。

在中国，"三年困难时期"，许多事回忆起来令人可笑。如吃西餐，要排队等候，西餐馆里用的刀叉还用链子系住。喝啤酒，先要为啤酒瓶付上押金。

那时，买东西要排队，我就不去挤着排队，教授有个购物本本，我也不用。偶尔香港亲戚寄点糖或油来，觉得歉然，写信请他们别再寄。

仁、义，是应当重视的，我对恐怖并不那么怕，看透了生与死这两个面，搞了几十年，就是不懂圆通。

你问到我生活中上过当吗，我一生上过许多当，最后都一笑了之。上当，总是把人看得好，看得善良，想不到有的人占别人便宜竟会花那么多心思！

（二）关于自己的创作

沈从文对我影响不多。沈青少年时期在湘西待得更久，接触更宽。我的文风也与他不同。

我年轻时参加木刻协会，从鲁迅那里学到不少东西，让我思想有了个规模。以后，受聂绀弩影响，看透了这个社会，增添了我的力量。我受十八、十九世纪欧洲的东西影响多，如狄德罗、费尔丁、伏尔泰……

我不党不群，紧贴着地面生活，不故作尊严，一本正经，更不因年纪大了，失去童心。生活的复杂性、深刻性太有趣了，有人怀着庙堂观念，如何能深入生活？我快八十岁了，有时还讲野话（指粗话），因为我不光画，还从事文学。

我到过许多国家，对现代音乐，早在二十世纪五六十年代就有兴趣了，那时我就带回了"甲壳虫"的音乐。私人汽车、空调、录像机都有得早，只是现在遇上用手机，还手忙脚乱，这可能还是种古老的乡巴佬习气吧。

在北京，有人说我书读得多，这只是相对地说，更要紧处消化力强倒是当得起。不过，一个人的人生态度，不仅是书所决定的。

至于勤奋，早年，一天到晚赶路，爬山越岭，颠沛流离，一停下来就做事，刻苦成了习惯，有兴趣。加入木刻协会，有了种革命的、"左"的思想帮助，战胜劳累。勤奋是事实，有不有成绩是另一回事，勤劳本身不一定是艺术品，牛勤劳并不是艺术家。但，勤奋毕竟使我积累了经验，遇到困难能很快找到办法克服它。

要敏锐，才能看到生活中的妙处。有个人总以为我会编故事，《堤溪雪霁》《江上》中的故事是编得出来的吗？那都是真实的，别人没抓住，我抓住了，我能与那现象"通电"，是因为我具有与之"通电"的条件。最近画的那幅《资州鹤》，那大鹤中箭后，还要将口中食物喂给窝中的雏鹤，喂完才肯倒下，令人伤心，这是书上有的，许多人看过，为什么不见他们中有人选上这一则来画呢？没有很深的感触嘛。

我曾写到过，一匹驮重物的马快要死了，叫其他的马也一起叫喊起来。在森林中，锯一株树，其他的树也在发抖，这是伐木工人告诉我的，这是一种情感上的真实。

对《永玉六记》，特别是"文革"前产生的《罐斋杂记》那些内容，它是在那样特定环境下产生的，许多人只视为漫画，只看到热闹，没见到另一面。胡乔木看到了它的文学性，写了七张信纸谈看法。信是很真挚诚恳的，令我感到他政治严肃性格之外满溢人情味的另一面。

比如写到羊："我勤于检点，以免碰坏人的大衣里子。"这些，都有许多可想的。

蓝染画是我最先发起，与刘大炮合作弄出来的。那次，我发现大炮染坏了的一件东西，引出了我搞蓝染画的新想法。

不能倚老卖老，而是要卖本事。要凭本事，而不是凭老。如今有些老画家，一动笔就有人说好，是老得好，不是本事好。

至于你准备在我生日餐会上讲话的事，你用家乡人的思维方式拟上几条，坐着随便讲就是，讲一两小时也不要紧，是对朋友讲，不是对学生讲，也许有人不一定全懂，但更多的人要听，主要对象是外地的文化人。

2005 年 11 月 27 日据记录整理

在玉氏山房与本文作者的谈话：楚文化是我与沈从文共同的师傅。

（**背景说明**：2003 年 7 月 22 日永玉和我谈话后，我用了三天时间，写了个拟在他生日餐会上用的发言提纲，看法是否有理，不甚放心，于是在 7 月 26 日，又去麻烦他一次。由于提纲中涉及湘西，特别是凤凰城区楚文化问题，交谈时，这方面话题也就多起来。谈了两小时，可惜仍无录音，全是我匆匆记下的，之后几天，全忙于写讲话稿，此记录亦未及整理，如今来做，做法仍是略作归纳，话语照抄。）

（一）关于楚艺术对自己的影响

楚艺术不仅对形式有着永远追求的热情，同时，对一些观念问题，也有不停追求的兴趣，如对立体关系，空间纵深关系之美的把握，就极为重视，这是个观念问题。

楚国的漆器，重色彩、重线条，其线条，可见出它流动的疾徐，如波纹、如火焰、如疾云，时空关系强烈。战国漆器你在什么地方看的？（我答：在荆州博物馆看得最仔细。）

楚人的艺术才情与山水相关，楚地有山有水，有大河，有溪涧，影响人对事物、对时间、对生死、对道义的看法。水可带人跑得很远，跑码头，引发人的幻想和浪漫情绪。当然，也最适合袍哥的繁殖，码头是适合袍哥繁殖的，可到处走。沈从文对沅水边戴水獭皮帽子的曾某很感兴趣。

家乡有许多富于诗意的东西，山、水、太阳、风、鸟、秋雁、水上的船、半夜听到的鸡叫，还有许多民俗的、民间的世象，都很动人。

记者们爱问我为什么这样喜欢回家乡。我说，我理所当然爱回来。他们这么问，也许他们平日不喜欢回家乡。

有了从家乡得到的种种影响，到了外面，接触古代的、现代的、外国的东西，获得新的感悟，新的手段，就把这些储存发挥了。

大量吸取西方的思想和技法加以熔铸，最后还是楚人的，是我们凤凰人的。

（此时，我提及，沅水流域的，包括家乡楚文化氛围在现代冲击下，日益弱化了，从事文学创作的沈从文当年就担心自己也许是这文化所孕育的"最后一个浪漫派"，在美术领域会不会也产生这种情况？）

最后一颗星星陨落了，明天又会有新的升起。未来还会在这个基础上扩展的。

说到创新，我画画绝不停留在原地不动，不像一些国外画家，总爱把自己固定在一个风格上。我也不泥古，搞什么"仿八大"，但我尊重传统的技法和理论，要不停地探索和产生新的形式。正如沈从文当年就开出别人没有开的，专门只讲技巧的小说作法，他为自己课程取这样的一个名目，一定认为用其他的都不贴切，他有他的想法和创新之处。

沈从文搞文学，也不光停留在文学上，他还研究漆器、瓷器、工艺等，连朱光潜都受他的影响。我黄永玉不光画，到文学上也搞一下。你说，如果一个人这样做也许是偶然的，不奇怪，如今两代人都如此，就值得研究了。

只有在我们湘西人身上容易见到这种劲头，我们忍耐不住停在一个地方不动。这也正是楚人的特点。

侯潮神（凤凰城里一位疯子工艺美术家、画家）应算我的美术老师。

我与沈从文从事不同的事业，路子并不一样，他对我直接影响不大，但在文化禀赋上有共同的师傅，这便是楚文化！

（二）关于自己的性情

你提及凤凰人的游侠精神，雄强尚义。讲义气，是种真诚，实际包括施恩和受恩两个方面的态度。受恩必感恩，则是"滴水"和"涌泉"的关系。

我们湘西人，凤凰人，别人常凭直感认定可靠。

我不是党员，平日也不大与人来往，可是，"文革"中，被关在牛棚里的老人家，有要倾诉的，常找到了我，包括常任侠、吴作人、刘开渠这些老艺术家。那时，我说自己患有传染性肝炎，造反派只好将我另外关在一间教室里。吴作人在美院附中地下室被斗争时挨打，回来告诉我，要我记住，如果他死了，要我作证。又，有造反派中的一派逼刘开渠拿了一笔钱，另一派要刘交代实情，以利于攻击对方，刘开渠扫地扫到关我的教室窗户边，悄悄问这两边挤压如何是好？我说，你立即把实情告诉不得钱的那派，让他们去出大字报就成了。一天，李可染告诉我，有个学生上台斗争他时，得意地附在他耳边说了句："现在，是我报恩的时候了。"他们把自己的难处和委屈对我讲，因为认定在那种特殊情况中，我是可信赖的。

肖离、肖凤夫妇，家里遇到什么事，如房子问题，犯难时，便说："找永玉帮忙考虑。"我不知道自己还有着这方面的本事。

"文革"中，在干校时，有一派常想找我麻烦，我有时眼睛也横一下，引起一造反派成员警惕，在背后对人说："黄脑子不动尚可，一动麻烦就多了。"我们湘西人，一般情况，常常是硬碰硬，但要采取大点行动时，反安静了。我这是受王伯影响的。我在《无愁河的浪荡汉子》中写那个王伯，你知道的，他说打不赢就跑，有了办法再来对付他。

我不打牌，不赌，住在澳门葡京酒店，楼下层就是赌场，有人劝我去看看，我不去，我恨打牌。

我也不喝酒，只读书。我们在小学时已谈诗论道了，谈柳宗元、韩愈，到严复、梁启超，抱负从这里就萌发了。到厦门集美学校，懂得用图书馆了，接触到更多的新知识。后来，参加了鲁迅领导过的木刻协会，同"左派"的新文化挂上了钩，从鲁迅思想那里得到勇气，在信念上，抱负上，都出现了新东西，保证了自己不堕落，不腐化。参加过不少进步活动，但没有入党，沈从文不懂，弄不清如何入法，我黄永玉也不懂，心情倒是真诚的。

我也不曾被划为"右派"，鸣放时，沈从文的看法是："自己写不出东西，怎么能怪人家'党'呢？"我则认为，虽然生活困难，待遇低，比过去好嘛，另外，我也认为艺术创作是自己的事，不必去怪别人。

我也曾有情绪激愤的时候，有人劝我多考虑，不要弄坏了关系，他们不懂，对仁义的是非判断是很快的，赴义难道还要考虑几天几夜吗！

塞林格的《麦田的守望者》里有一句话："……聪明人为真理屈辱地活着。"马克思说："为了真理，要善于忍耐和等待。"原话可能记得不清，你可去找马列专家查一下。

随波不逐流，这并不容易。

艺术家和政治家的关系，尊重对方，也尊重自己。尊重自己人格，朋友就是朋友，不为自己私利和亲友找别人帮什么忙，让别人为难。

面对使自己不快的人事，沈从文完全是忍耐，让时间去作结论。我则讲究宽容，我事多，领域也大，没时间。

（三）关于自己的创作及其他

很多写我的文章，都只写了点现象，讲得热闹。

我写过，讲过许多有趣的故事，有人说是我编造的，这是不懂凤凰人和湘西人的幽默才这样说的。

正常状态突然失去平衡产生幽默。周扬在一次报告中说："幽默是一种智慧超过别人的自信。"而且说是马克思说的，我不太理得清这句话的意思。这哪是幽默，不过是智力的自信而已。

《永玉六记》，本子小了点，印大本一点，可能更引人注意些。艾青看过，认为我把宝贵的素材用得太奢侈、太阔绰了，他认为书中那些短句，几乎每则都可以用来写成一篇文章。

凤凰人的文化性格，一是勤奋专注，二是博览容纳。专注，这是从事文化工作、艺术创造所必需的，很好，但太过分、不广博，也不能成为艺术家。

英若诚说我："你不懂外文，却读了那么多外国书，我懂外文，反而没读你提及的这些。"话也不能这样说，各有各的衣禄。

文化的创造者可分为两种，古代也一样，一种是正统的，从书院和学校培养出来的，他们整理国故，系统地，历史地研究各类作品，写出多种论著来。一种则是只有创作，无什么系统的论著，如李白、杜甫这类作家。两种都重要。前者为人创造论著，后者为人提供作品，同时为前者提供著书立说的材料。当然，还不能忘记组织者，不能忘记有钱人，要靠他们来做出版的事，包括古今这类人。不过，这类人有时是在破坏文化。愚昧也有价值，有破坏价值。

（谈话中，因我提及家乡出武人，也出文人，武人大都不按常规教育涌现，可理解，文人则按常规出来的多些，熊希龄、田星六等属之，我说道，像永玉和沈从文这样不按常规地出现，让我们这类有文凭的人有点不好想。这话引出永玉对沈从文学历真相的话题来。）

我初中没有毕业，我到哪里都如实地讲。沈从文的情况，我专门了解过，他只读到文昌阁小学四年级，可是他平日和人讲起来，包括填写履历，总说自己小学毕业。一次，我当面指出他小学没有毕业，他不认账，还要和我争，非争个小学毕业不可，很有趣。

一、毕业和不毕业，差两年没什么大差别；二、小学四年级做大文学家岂不更好？

一个人想在事业上有所成功，以下几个条件大概都是要的。一是对自己从事的专业总要有点基础，有点基本功，文学的、艺术的都不例外；二是为人要过得去，在社会上，为自己着想，也要能为别人着想；三是要靠运气好，"秋水时至，百川灌河"，挡都挡不住。

2005 年 11 月 29 日据记录整理

与哈维·韦斯特的谈话：勤奋要成为习惯，美的创造要成为乐趣。

（**背景说明**：2004 年 9 月 21 日哈维·韦斯特夫妇到凤凰玉氏山房访问永玉。

哈维·韦斯特早年毕业于华盛顿州立大学美术史专业。曾被宾夕法尼亚州立大学聘为美术系教授。先后担任过美国四家艺术博物馆馆长。1989年在美国主办天子·中国皇室艺术展览，大获成功。现与夫人姚小波住广州，潜心于艺术研究与产品设计。

22日下午及晚上，永玉与哈维谈话，姚小波做翻译。时，我住永玉家，就便参与，并随手作了些记录。）

哈维： 很高兴我们坐在一起来谈论一次，你能谈谈你少年时代所受教育的情况吗？你的智慧和力量与那份教育关系是怎样的？

永玉： 关于这些，我的朋友黄苗子的文章，还有沈从文《一个传奇的本事》中都有所涉及了。

我小时在学校，时常挨骂挨打。斯巴达训练小孩很严厉，格斗、打猎，都是体魄上的锻炼，而我所受的应加上凌辱性的意志的锻炼。

有个老师左唯一，长征时逃离队伍，叛变了共产党，后来，陈渠珍让他办学。也许，因为我父母是共产党员，牵连到看我也不顺眼，不过，国共两党的子弟他都打得厉害。我这人，小时受辱，新中国成立后，有一段时间受辱更多，这点不言自明。

在学校，一方面是挨打挨骂，一方面还是在学些东西。比如读古文，学音乐美术，这属蔡元培所说的"美的教育"，很好。但，我对数学中的"鸡兔同笼""二元一次方程式"之类问题，从文学角度想，总弄不清。于是，我开始抓我自己喜欢的，到图书馆借书来读，养成了个好习惯，后来，我每到一个地方，总爱到当地图书馆借书,这为我提供了较好的文化基础,要不然,我画中的有些想法从何而来?

那时,我常常逃学,到大自然里去,到社会里去找到快乐,找到新奇的感受,这对我后来从事艺术大有好处。

另外,小时也学打拳,增加自己抵抗凌辱的力量,也有助于培养自己强悍的性格。

哈维:你读书有选择吗?除读书外,在你成长过程中,哪些因素对你产生过较大的影响?

永玉:读书,自然科学方面的,文学艺术方面的我都读。

1938年参加木刻协会,受到左翼文化和鲁迅思想的影响,学会了同情穷人、恨富人,思考为什么穷人会穷。一些简单的理念在支持我进步。那时左翼是自由的,我和那些进步的文化人在一起,有种精神力量,穷、饿、累都不在意,大家互相帮助,很活跃,老的认为我这小伙子不错,我刻木刻,就得到过臧克家帮忙推荐发表,弄得少量的钱,得以生存。左翼文化对人品质上的教育是积极的,我们群体,即使生活在上海那样的十里洋场,也不沾染吃喝嫖赌之类恶习。

我不是共产党员,没有搞什么地下活动,也不曾弄过什么工人阶级斗争,但,也曾有地下党的人帮助过我,不过当时我不知道他们的身份。如楼适夷,他是"左派",还是共产党员,一次,他引我去看一个人,那人住在一个书店的楼梯下,铺了一铺床，见到他，他说："嗬！原来你这么小？听说你生活很艰苦，努力吧！日子很快就会改变的！"后来，楼适夷告诉我，这个人是共产党的重要人物冯雪峰。另外，夏衍、聂绀弩，他们对我也都好。

我自己有流浪的体验，我同情人，也得到别人的温暖。我认识了许多好人，包括司机、工人、农民、做小买卖的。我曾在一个民众教育馆做事，馆里有报纸供人阅读，来看报的有军官、有文化界的青年、有工人，也有汽车司机，他们见我一个人住在那里，那么努力，也不见干什么坏事，很看重。有个司机，一次约我上街买鞋子，我陪他去了，我以为他自己要买，买时，他要我试穿，谁料他竟是要为我买，送我的。中秋时，还有人给我买月饼送女朋友。

抗日胜利后，我从赣州去鹰潭，偶然见到原来认识的一位高大的司机，这人过去有三部汽车。我见他瞎了一只眼睛，问他出了什么事？老婆孩子怎么了？他不答，摔开我走了。我估计这个人大约是赌输了。当年他们赌，常常把汽车钥匙押下的。显然，他是不愿影响朋友的心情才不作答。但当年他对我的尊重和帮助，还是影响我的情感，让我懂得敬重这人生中更严肃的东西，可贵的东西。

哈维：感谢黄先生对我谈及这么些内容。自从1986年第一次见面，后来，每次见到都感到十分珍贵。在你的人生中，得到别人的关照和爱护，你不曾忘记，今天，我见到你也在关心别人，上午，你把自己写的字送给一个陌生人，仅仅是见那一家人认真、快乐地在那里做辣子粉。我想，你这行为，鼓励的不是一个人，而是在鼓励一批这类的人。

〔注：先一天（21日）上午，永玉到天王庙写生，在一小店吃罢中餐，几个人走南门外边街回家，因客人哈维下午会到达凤凰。刚走到边街口上，永玉被一矮小木屋前摊位上几大簸箕红辣椒所吸引，辣椒粉垒得很高，每一堆顶上都放有一颗完整的辣椒，以标明各自品类的不同，方便购买者选择。再看木屋阶檐下，一个老头摇动着一种简易机械的把手，在绞辣子粉。另外，一个妇女、两个女孩正埋头从大麻袋中拣选辣椒，把不好的抛在一边，人人十分专注。看了一会，永玉突然对老头打招呼："生意好啊。"老头这时才抬起头来，说"也还过得"。没料到永玉接下来的话竟是："看你这小店还没有招牌，我帮你写个好吗？"对如此主动送上门的热情，老头一下还反应不过来，幸好此时旁边来了人，认识永玉，提醒老头，他才站了起来，搓着手，连说："这哪里得呢，这哪里得呢，你是黄老，没见过，知道你。"永玉说："那就写个'辣子大王'好吗？"老头还是一句现话："这哪里得呢，哪里得呢。"事情就这样谈妥了，一回到家，永玉便直奔画桌，将"辣子大王"写成了。第二天上午，陪哈维上街观光，便一起先去给老头送这几个字。哈维感到奇怪，

曾问了问缘由，所以，此时提起。]

永玉：辣椒，那个人也不见做出了什么花样，但是，在凤凰，我还没见谁全家这样认真、诚恳、开心地在那里做。这就是安居乐业，敬业精神好嘛，我尊重这点，给他写个招牌，他会更加开心，一家人做得更好，说不定还会做出名气来。

我很高兴，如今我自己也是安居乐业了。时间全由自己支配，各种念头也能兑现，还有钱拿，而且老了也不怕，不会像演戏唱歌的，年纪大一点就紧张起来。

哈维：我觉得，财富占有多少是偶然的，艺术上取得成就，不会是偶然的。

永玉：艺术，对我来说，不曾有过什么隆重的起点。当年，我作木刻，每一张都使尽全力，射箭要拉满弓，我就这样。开始，我只会木刻，有人问我，愿作公务员吗？我知道，我这性格不行。日本人打来了，常要跑，重要的是有口饭吃，跑的过程中，还在干。对自己的生活，今天来研究，可能就是为了艺术而吃饭，不吃也要做，后来是越做越喜欢，探索规律，画出种种人生的主题。

勤奋要成为习惯，美的创造要成为乐趣才好！

我基本上不读理论，文学上的、艺术上的基本不读，我看问题，谈问题，是一种直线理解，几何上不是说，两点间直线最短吗，为什么要曲曲折折？

我看画、读作品，有时会感动，但更多的是看其间规律。比如说，美国有什么画家，我不一定都知道，但你把他的画作给我看，我可以说出它的好坏。另，看书，也如我交朋友，老人小孩、三教九流都有。世上没有坏书，关键是你自己不要有坏念头。

不看理论，如今活到八十岁了，竟然证明是对的。

一个人，活在世上，做人做事都要有个立足点，这立足点是多年历史积极因素积淀成的，成为自己的血肉部分，你立足点好，做什么都会是对的，你立足点不对，比如一个贪官，你出发点是贪，怎么掩盖也没用。我曾仿拟过一则佛家语："作恶求谅，为善图报，不得见如来。"

有人说，性格决定命运，性格也是多种原因造成的。你性格好，能干，但如当上了"驯服工具"，这命运就不见得是性格决定的了。

中国古代有个故事，"韩信受胯下之辱"，他那时很被动，就爬了过去。我欣赏这个故事，年纪轻轻，没力量就去硬碰，就要痛苦许多年，再或让流氓地痞过早地收拾掉，划不来。不要太计较理论上讲的那套，一个人一生会遇上许多这类事，"胯下辱"不要紧，更重要的是振奋，不断加强自己的力量。

做人要真实，诚恳，一生中，我连愚蠢也不讨厌，但讨厌愚蠢又还自负。生活了几十年，书本、生活经验都在支持着我，其中最强大的是幽默感，有这，人的力量才能充分发挥出来。

我不是少年就有大志，而是时代帮助了我。我这样的人，不过是大时代的筛子筛来筛去，余下的略粗一点的颗粒而已。沈从文也曾这样说过。

认真想来，一个人在艺术上要有所成功，至少要有以下几个条件：

一、要掌握点艺术规律；二、做人要过得去，否则在艺术圈子里也立不了足；三、是运气好，也即命好。比如自己是条鱼，人家来打鱼了，一网罩下来，你却恰恰从网间漏走了，这就是命好。

（以上，是下午谈的。晚餐后，在大厅外喝茶，不久，下起零星小雨，大家匆忙提凳子进屋，谈话继续。）

哈维：如果你出生于广州，会是今天这样个人吗？

永玉：完全不可能。我在集美学校读书，打了人，因为在战区，被开除的学生没地方去，不能开除，于是记两个大过，两个小过。我是自己主动离开的，去做瓷器工，如今能画瓷盘。雕塑最早是在凤凰边街上看人做时捡来的。后来到剧团，我不能演戏，演个传令兵，只一句台词："报告司令官，敌人来了！"排练了一个月，上台还是弄不像，于是只好画海报、写文章、刻木刻，如果是生在广州，就不可能是这样的人生轨迹了。

哈维：你是否认为你在写作上语言格外丰富，很满意？

永玉：我会几种地方语言，广东的、闽南的、北京的、凤凰的。不是语言发音本身有什么了不起，而是每种语言其结构本身各有一些创意的地方，为另一种语言所没有。我用凤凰语言思维，它有它独有的结构、起伏变化，构成自己的语言性格或曰风格。

哈维： 你认为自己写作与你绘画有关系吗？

永玉： 有关系。

哈维： 我一直认为，中国的艺术结构非常复杂，中国艺术家传统性很强，影响世界。

永玉： 中国有些年轻艺术家，用的是国外的艺术语言，因袭过多，把自己的才能掩盖了。中国的电影，有的缺乏"内卖"思想，目标在国外。

哈维： 问题是很复杂，我认为中国画家处在应展示自己新想法、新路子的时候了。这点，我讲了二十年，没人听，但我不失望，你认同，我高兴。

永玉： 你是一番好意，但困难。你要提防"理想"的悲剧，柏拉图的"理想"实现了吗？还有其他的"理想"，付出了多大的代价？意识是固定不了的，是随着物质生活的变化而变化，所以，画家还是各人画各人的为好。艺术这东西，说它的教育性，不如说它的感染性，在中国，相当长一段时间里，过分强调它的功利作用，一刀切，不论场合，不论品类，一个劲把阶级性、斗争性填塞进去，结果并不能给倡导者帮上什么大忙。我们生活在"四人帮"文化专制下实在太久了点。契诃夫写《樱桃园》，写到满园的樱桃树被砍了。那些樱桃树是只开花不结果的一种，艺术更近乎这种樱桃树，只供人观赏而不见实效类乎"文化"

之类的东西……它的摧毁是一首无言悲歌。

（晚上，谈话时间很长，零零星星地涉及美国、英国、法国、德国、意大利、东欧、日本的绘画和画家，甚至还说起挪威和日本的瓷器。另外，还谈到永玉为何不肯拿自己的画到拍卖行参加拍卖，以及长期来他对有的人物和有的事件的一贯看法，很有意思。只是，可惜我记录杂乱，且有缺失，加上工作疲劳，不想继续费神，因此，整理到此作罢。）

2005 年 11 月 30 日据个人记录整理

一友书

前几天黄、当子兄送来一大包信,上

书,原壁归赵"四字,人生如此程度的高兴,不

会有四五回的。

三十多年前我在河北磁县一带劳动三年,

七十年代了,忽然收到误文表叔送咸宁寄

来一厚叠东西,打开一看,原来是有关于我黄家

的家世长篇小说的一个楔子,情调哀惋,且富

于幻想神话意味。劳动归来,晚上睡在被窝

附录一

黄永玉先生给刘一友的信

一友弟：

前几天黄苗子兄送来一大包信，上书"原璧归赵"四字，人生如此程度的高兴，不会有四五回的。

三十多年前我在河北磁县一带劳动三年，七十年代了，忽然收到从文表叔从咸宁寄一厚叠东西，打开一看，原来是有关于我黄家的家世长篇小说的一个楔子，情调哀凄，且富于幻想神话意味。劳动归来，晚上睡在被窝里思索老人在那种地方、那个时候、那种条件，忽然正儿八经用蝇头行草写起那么从容的小说来？石头记开篇也是从仙禅打头的，何况新中国成立以后，他从未如此这般的方式地动过脑子。

老人在离开北京赴湖北前，曾有过一次易水之别的壮举，把他所有的有限存款分给了他的晚辈，我家也得到一份，也即是自认为此去一别，大有驾鹤之意（这个"意"不太文学）。后来局势运转、气候幻化，老人在时空上似乎有了点偶悟，孤寂的身心在情感上不免回忆中求得慰藉，那最深邃的，从未发掘过的儿时的宝藏油然浮出水面，这东西既大有可写，且不犯言涉，所以一口气写了八千多字。

以后回到北京忙于古代服装研究，写作生活如边街房屋大起斜势，也未听到他再向我提起这篇文章的因果了。其实当时我应就他写这篇文章时的心情多向他请教一些话，失掉良机，后悔不及。

试想想，回北京后他能放弃"服装"不搞吗？不只是责任，恐怕还有心显示一下凤凰人的犟势。"可以不搞，要搞就第一！"果然！

转过来说，究竟沈从文还是"文学"。

谁晓得这个长篇写下来以至完成，文学世界会是什么样子？

我希望你看看这八千字的稿子，你是有心人，又是这方面的里手，分析分析这文章怎么会写得跟以前的文章不一样。我们家原来姓张的消息小时就清楚的，为什么姓张而后又改姓黄而死了之后大家的碑上又刻上"张公……"而非"黄公"的道理沿革却是一点也不明白，从文表叔既然打算把我们的家世写成一个长篇，不单小说一定好看；我的家世小乎小焉哉也能弄出个头绪来，从文表叔是我们最后一个老人，你看！没有了。

请从文学的"极致"去分析，世界就是那样的：太平、动荡，富有、贫穷，安全、危险，绝望、希望，恼火、高兴……都出文学。

言志永言纵横杂错，排除了勃洛克所云的"死亡地带"！

这封信三十多年前，我从农场回京，苗子兄驾访罐儿胡同，我兴奋地交给苗子兄以图共同欢喜，见他顺手放进衣服口袋。以后向他要还，总说："好像没有这回事……"这使我绝望而恼火，却也奈何不得这位好友满脸委屈冤枉的神气。

甚至隔年把两年，为这封信翻箱倒柜一回，心想，或者是委屈了好朋友也说不定，他那么好的人。真正是三十来年的失落……那时，苗子兄六十挂零，我五十出头。

没料到过了三十多年，九十三岁高龄的黄苗子志在千里之余从书堆里找出了这篇文章，收到这篇文章的我也八十有三，赶紧打电话向他多谢，心里不停赞美他："你个老狗日的害得我好苦！"

新中国成立后唯一的一篇小说，什么机缘？我说不出道理，看你的了！

祝暑安！

黄永玉

九月十八日万荷堂

20×20=400　　　　渐销运速　页　50×16（文印）

来的是谁？

一九七×年十一月间，北京城里是唯习惯成本来十

分晴朗还不太冷，上街上西僧白搭树浙至西只是

本来脚既京东来，一天下午三至左右，日西北寒流

的寒坐侵袭气温更坐降到0下约十度，到三至前

恰大街工行班人，下班的、散步的、×货借公子小

无事的，多走无找人、工百货公司间逛的、走路的、骑

车的、凡子先没有准备可缩住球子，显好有手套、有×

不住难于适应，骑自行车的青少忘了戴手套、有×

骑车技术仍极会表现的放一面撑杀，一面借此显×

沈从文墨迹

259

附录二

来的是谁？

沈从文

一九七×年十一月间，北京城里照习惯天气本来十分晴朗，还不太冷。大街上两旁白杨树高高上耸六七丈，许多还只是"木叶微脱"景象。某一天下午三点左右，因西北寒流的突然侵袭，气温忽然降到零下约十度。到六点前后，大街上行路人，下班的、散学的、买货的、借公事办私事的、各色各样的人上百货公司闲逛的、走路的、骑车的，凡事先没有准备，多缩住个颈子，显然有点招架不住，难以适应。骑自行车的青壮，忘了戴手套，有点骑车技术待机会表现的，就一面搓手，一面借此显显本领，引人注意。可是时候不对，只能引起加班交通警和临时服务的红小兵的指责，不免近于自讨没趣。

特别是从南方来新下火车的，一出了站，自然觉得格外寒气逼人。可是照样还是火车一到站不久，就有一大群各式各样旅客形成的人的洪流，挤牙膏般从出口处向外涌。因为这次是南来直达车，有不少从长江以南省市来的，说广东话、广西话、云南话，和湘南话的，从身上单薄装备看，一望而知是不习惯于这个气温零下十度的接待的。各处有人打喷嚏。各处还有人用家乡话表态。"啊呀呀，好冷好冷！"有的还中途放下手中提的什么，搓一搓手。内中也还有小小的在母亲怀抱里的孩子，还照南方习惯，一双小光脚却露在外面，大人来不及注意，一双小肉脚不冻坏，真是侥天之幸，可是这些琐碎闲事照例没有一个人会注意到。因为人人各有目的，各奔前程，到了地，就不用担心了。上三轮的，乘电车的，坐"公共"的，坐小汽车的，各有不同派头，可说一望而知。自然也还有不少人，挤出站后照例停顿在长廊子下，呆呆地四下张望，等待先约好的亲友熟人，就中还会发现虽在四五千里长途旅行中，受了点折磨相当疲劳，依旧还挺拔波俏。又或只是个平板板面庞，还相当爱好的二三十岁妇女，从随身小手提包掏出小小镜子梳子，整整容，理理发，又还有人就廊子下灯前写点什么或找通信地址的。等不多久，不外两种结果：一是偶然间彼此发现，便像吸铁石一般，下下子就吸了拢去，说新道旧，随后那个接客的必喜洋洋的，某些方面像个公鸡一样，（如果接的恰是爱人或准爱人，一定更像公鸡。）走去把三轮叫来，几个手提包向车前搭脚处一搁，共同坐上，就走向我们不易设想的什么四合院或某单元几楼去了。至于到地后晚上吃的是白菜饺子还是蛋炒饭，那就无法明白了。其次一种人是老等不来的，显然有点焦急，才茫茫然走向问事警或服务员，经过指指点点，也还是照样坐上三轮走了，当然还有什么车也不坐，却三三五五，快快慢慢，提提扛扛，出了站一直走去，到大马路才散开的。这个队伍可相当庞大，男女老幼具备，有的穿得还相当引人注目，"老北京"不大习惯。因为南方几个省市，有些地方这时节还正穿短袖衬衫，另外还有些是从香港和海南岛的来客，有的来自南方乡城探亲的，手提竹篮中，间或还会露出个大公鸡头，冠子红红的，眼珠子黄亮亮的，也四处张望，意思像有意见待表示。"这有什么好？路面那么光光的，一无所有。人来人往，那么乱，不是充军赶会忙些什么？……一只蚱蜢、一条蚯蚓也见不到！"这点印象感想，应当说是极其正常实际而且诚恳坦白的。因为它是来自外省的"一只公鸡"！凡是公鸡照例不免有点骄傲，相当主观，我们哪能作过多要求，其实有些人你告他有的母鸡每年能下三百个蛋，他还不大相信，以为"那不忙坏了吗"？因为许多地方经验规矩，每年下百把蛋，已很不错了，料想不到另外地方的母鸡不声不响、每天下一个蛋，看来也并不太忙？

就在这种照例的、平常的、每天早晚任何一时都在反复出现的忙乱景色中，下午六点到站的列车软卧里，内中有个不怎么引人注意的小老头子，照身材估量像是个南方人，照装备看来可又像个"老北京"，随同大伙人流挤出站时，似乎显得有些特出，有些孤独。这种印象大致是那个破旧的皮领子大衣和那顶旧式油灰灰的皮耳帽形成的。肩上扛了个旧式印花布做成小而旧却又似乎相当沉重的包袱，谁也不知道里面装的是什么"法宝"。或许他自己也不会完全知道。因为人已显得相当老态龙钟，走路脚步乱乱的，与众不大合拍，时而碰着前面一个，时而又被身后的人推了一把。他倒全不在乎，随大流！

这小老头子把大衣紧紧裹着，像个"炸春卷"差不多。只露出个小小下巴，挂了把乱乱的白胡子。虽然是"老北京"派头，可像是出京已很久、在一个不易想象的什么地方住下多年，有了点外乡气，和近于返老还童的孩子气。

因为看到一大群人，齐向附近路旁地下铁道站小亭子的入口处拥去时，却在附近路旁停了一会儿，带点好奇心情欣赏了一番。直到另外一个三十来岁青壮，为了赶车，只向前望，不顾其他，手提两个大旅行包，忙匆匆地把他猛撞了一下，老头子受了个突然冲击，向前窜了三四步，稳住身后，才明白站的不是地方，挡了青壮的路。就急忙走开，口里还照北京旧礼貌，不住地说："对不起，对不起！"可是本应当表示歉意的壮士，像是个来京办事的，带了不少土特产的新来客，朝气中不免稍微夹点"官气"，倒反而狠狠瞪了"小老头子"一眼，用个更偏北的口音："哼，什么对得起对不起，废话。"回答得干干脆脆，毫不理会地走向地下铁去了。老头子阅世多，对于这个新作风，丝毫不在意。估想这大致是个"科级""主任"什么吧。在有些较远省市机关，这种人照例是相当能干得力，也就相当威风。上京开过会后还将格外威风。从后望着那个宽阔肩背。

"少年有为撞劲足！"

语意双关，有褒有贬，总结似的说了那么一句，充满好意，笑了笑，便向前走了。

过不多久，到了个看来原本十分相熟，却又久已陌生的干干净净的小胡同转角处，小小旧门边站了一忽儿，又望望新装置的门牌式样，才拍拍门，里面无动静，像是听到有人自得其乐在唱歌。不慌不忙的，又用点力拍了十来下，过不久，歌声停后，才听到有人从里边院子走出，一个大姑娘声音脆脆地问："是谁？"老头子有意不理会。里面于是又问："是谁？您找谁？"这个声调他像是相当熟悉。

"我找姓张的！"

"找张什么？"

"张永玉！"

里面似乎引起了点疑心："没有这个人！"

"那找张黑蛮！"

"我这里也没有张黑蛮，李黑蛮，却只有个——"

"那就找张黑妮！"

妮妮觉得这可奇怪，点到头上来了，怎么我叫张黑妮？莫非是什么"马扁儿"？……值得警惕。过了会会才说："我们这里住的不是姓张的，是姓——你找错了！"

外面那个老头子也迟疑了一会会，却十分肯定地说："这里住的难道不是姓张吗？还有个什么张梅溪！你们可不是一家人吗？"

门里那个大姑娘只因为前不久在学校里面演过沙家浜戏中的阿庆嫂，或多或少受了点影响。因此和阿庆嫂式一般地想："这事情可巧，究竟是谁？打的是什么坏主意？"天气忽冷，出来开门，穿的衣薄了些，又快到天黑，门外路灯却还不亮。她于是谨谨慎慎，试从门缝向外张望张望，只依稀看到一顶皮帽子，一个皮领子大衣，背上像还有个小小包袱，花不溜秋的，面貌可看不清楚。怕真是什么骗子坏人，装成刚下火车寻亲访友样子。盼望父母回来解围，却偏偏不来。就连声说"没有，没有"！

满以为语气一坚定就可以应付过去，准备返回房间。只听外边那老头子带点失望神气自言自语，事实上却是有意让她听到："那就怪了？明明白白是住在这里的，哪会错？"

引起了大姑娘一点好奇心，于是一面想起"为人民服务"教训，另一面想再摸摸底，于是，变了变语气，和和气气，慢慢地，一字一句地说："老同志，您是哪里来的？您找门牌错了，这里住的姓黄，门牌上不是写得清清楚楚吗？您有什么事？"

"我有要紧事。我没有什么事。……是姓张，不会错。是门牌上写错了！你开开门吧。"

这一来，可更加引起门里面大姑娘的警惕心了。想用个调查研究方法，装成凡事不在乎的神气。"老同志，怎么你反而知道门牌写错了？"

老头子简直是像有点生气样子，大模大样地说："我怎么不知道？我不知道，难道你反而会知道？"

这番对话自然太离奇不经了。简直是新天方夜谭，一生没有听过的。特别是最后的反问，这一"将军"，世界上哪里会有这种棋法？使得大姑娘不知如何回答。即或真是十分聪敏机警的阿庆嫂，也会有点迷乱，一时难于应变。

老头子不再说什么，只像自言自语，事实上还是有意让门里人听到："如果真不是张家，那我就只有一上火车回去了。"等一会会又说，"你是谁，报上名来！"

总而言之，语气中态度越来越恶劣，越不对头。而且矛盾百出，不是骗子就是疯子，才会这么措辞。

里面那一位演阿庆嫂的，不免也自言自语，可同样是有意让外面那人听到："我姓什么你管不着，横顺总不姓张。你要走，随你的便，请吧。有什么真走假走？赶快走，你骗得了别人，可骗不了我！"

再过不久，门外毫无动静，外面那人果然就走了。事情虽对付过去，大姑娘觉得还不完结。心里像有个小小疙瘩待解开，可无着手处。走向院子时，引起她的沉思："这是怎么回事？……

你再装得俨然，我总不会上你的当。……什么真走假走？……什么报上名来？"

她今年已十七岁，平时本来谨谨慎慎，聪敏内涵不外露。对亲友极平易亲切，对同学也不设防，少机心。因为近来演演戏，又多看了些新旧小说，对于"阶级斗争"的复杂性，似乎有了点新认识、新领会。一联系到今天这个问题上，警惕心高过了需要，于是本来极平常的事，也显得复杂起来。弯子太曲折了，一时转不来，就估计错了。匆匆忙忙回到屋子后，鼻子闻闻才放了心。她还有点别的责任！

父母哥哥一时还不回来，她今天负责办晚饭，炉子上正煮了一锅杂红菜汤，原本守在炉边掌握火候，要恰到好处，就得把锅子移开。在门前一番无意义的白搭，弄得心乱乱的。不免稍稍耽搁了些时间。试尝尝菜汤，幸好还不太烂。移开后，炖上个水壶，就开始切面包。心中还是不免又纳闷又有点懊恼。好像不相干的话多说了点，言多必失，有点悔，有点生自己的气。怕以后再来夹缠，不大好办。对付坏人总得讲点策略！但是"策略"包含的意义，她还似懂非懂，因为平时在生活上使用不上。

大约七点钟，一家另外三人，看完电影，骑着车回了家。爸爸脱了大衣看看菜汤，也用小勺子尝了尝，为了逗女儿开心，故意学着刁德一的口气："高明，高明。"因为女儿前个星期在学校刚演过阿庆嫂，做导演的还是戏本原执笔的汪伯伯，一家人坐在前排，都为这件事蛮开心，妈妈取出个大盘子装面包时，随口问："妮妮，可有什么人来过？"

"天那么冷，哪会有人来？——妈妈，有件事可真奇怪，前不多久，有个不认识的老头子敲门，问这里住的是不是张家？我告他不是。他还固执地说，一定是张家。我问他你找张什么？这人就不三不四地说，找张永玉，张黑蛮，张黑妮。就只不提你。名字对姓可不对。后来才又补一句，找个什么张梅溪。态度很不好，使我生气。世界上哪有'什么张梅溪'？问他有什么事，他说有要紧事，又说没有什么事。还说是姓张，把门牌写错了，他知道，我倒不知道。我想，这不是个骗子，就一定是个疯子，或者一样一半。我怕出麻烦，不搭理他。到后他就走了。"

妈妈因为想到别的事，心不在焉地听着，随口又问："还说些什么？"

"只听他在门口自言自语，'我找的就是张永玉，真不是张家，我可要上火车走了'。末了还说，'我可真走了啊'！我想，走不走管我什么事，你就走吧。我不再理他，这坏人才走了。"

那个爸爸一面叼着新做的羚羊角长烟斗吸烟，一面默默地听下去，"这事倒有点稀奇……"插口问，"妮妮，是不是带点家乡口音？"

妮妮想了想："好像——不像，不像。一定是个骗子。多少也有点装疯。可能是在车站上听到什么人说什么'耳边风'，一阵吹过去，留下点印象，就糊糊涂涂的，试来诈诈看。所以把妈妈的姓放到爸爸身上。……这人好像还穿个皮领子大衣，背了个小包袱，莫非当真是刚下火车的？"

大家为这个新事好像都冻结了，静了一会儿，各自琢磨这个巧问题。

那个爸爸忽然把新烟斗一放说："妮妮，赶快穿了大衣到车站去找找那个骗子，一定要找到他。有问题，有问题。"

"是不是要告诉站上的公安人员管制？"

"不是，不是，看看究竟是个什么人。"

"永玉，永玉，天气那么冷，要妮妮去找骗子，不是发疯吗？疯子找骗子，哪有这个道理？妮妮不要去，大家吃饭吧。"妈妈一面取碗筷，一面表示意见。

妮妮因为做晚饭责任还未尽，当时实在又并未认清楚那个陌生人的面貌，同时也稍微有些害怕，不免感到有点为难。"我可不认识他，到车站怎么找？"

"你不是说穿了个皮领子大衣，背上还有个蓝色包袱？"

"车站上有成千上万穿大衣带包袱的人。"

"是个老头子！"

"老头子也多得是。"

"妮妮，你试想想看，像不像什么熟人开玩笑？"

妮妮摇摇头："这哪会是开玩笑？……哎呀，有点像，很像……"

"像什么？……"

那个始终沉默一心想着唐朝有名数学家和尚一行学下围棋故事的哥哥黑蛮，忽然插口说："莫非是爷爷？……"其实他下面还有"显灵"两个字不曾说。

母亲却即刻截住了他胡说："蛮蛮，你真是想入非非。爷爷不是七×年早就在云南乡下死去了吗？你那时不是还……"话未说完，神经质的母亲大约联想起什么，忽然也愣住了。不免感到一点轻微恐怖。一家人这些日子，正抢着看新出版的谈狐说鬼的《聊斋志异》，上面恰恰有爷爷作的注。编者序言里，还提到这稿件的来源经过。说爷爷是独自一人住在云南一个小乡村里，工作刚完成，老病一发，就忽然死掉了。写序的那一位，当时恰在云南，过去还相当熟，为照料照料身后各事，理理大量遗稿，才有机会把它带来重印。……想起来心中不免有点难受。因为过去住在北京二十年，这个表爷爷算得一家最亲近的老一辈了。好像是最后一个老一辈了。

难道说鬼有鬼，大家看《聊斋》中了毒，入了迷，弄得个头脑颠三倒四，邪气即乘虚而入？这倒像大有可能。首先，当然是那个不信鬼的爸爸，正因为从不信那些，却更容易怀疑。这也是事理之常。

于是又盘问起妮妮一切过程。黑妮说来说去，实在厌烦，不声不响，穿了她新做的猴头大衣，充满委屈心情，独自上车站去了。爸爸过意不去，心中嘀嘀咕咕，赶忙也穿上大衣，一面扣衣，一面追出了大门，一同向车站走去。

到了站里后，父女眼光四注地到处寻来找去，一遇到"老头子""皮领子大衣""花包袱"就仔细端详。还有意靠拢听听说话。可是不像原来那一个。直到各个候车室和特别为妇孺和老弱病残专用候车室来回全找遍后，都没有结果。问问候车室的服务员，才知道原来七点半有一次南下快车，因来车误点，还停在第八站台边。父女赶快又买了两张月台票，匆匆地跑向第八站台。事情太不凑巧，刚从地下室赶到台阶处，那个列车头却低低地吼了一声，慢慢开动了。"妮妮，赶快追追看一个箭步！"

妮妮演《沙家浜》，看《智取威虎山》，和平时报刊，内中都有"一个箭步"的形容，却始终还不明白究竟什么叫作"箭步"。这时节无师自通，却也来了个"箭步"，一跃连升三级，三跃就到了站台，只见许多人在摇手招手。车窗门不开，里面灯光闪闪中，也有人不断摇手招手。初初车行还较慢，就再向前追去，赶近了车头，眼看一节节"硬卧""软卧"有节奏地响着，从身边飘过，车上许多人影晃动。也有首长高干一类人物，脸方方圆圆的，在"软卧"窗口，态度从容观望夜景。凡事一切照常。姑娘终没有特别发现。心中不免有点懊丧绝望。忽然看到爸爸在站台中段向接近最后一节加车，指指点点，似乎还大声地招呼妮妮："你注意看看是不是？……"

　　说时迟，那时快，最后几节接近邮车的车厢，倏忽间即已从眼前驰过，仿佛正有个戴皮帽子、穿皮领子大衣的老头子，在车窗里向她连连招手，一面似乎还大声说："张黑妮，张黑妮，再见，再见！"事实上她的眼睛早已模模糊糊，而且车轮摩擦轨道声音极响，哪里还会听到车窗里的人声。一切都是恍恍忽忽。整个事件在她脑子里共同形成一种情绪混乱，加上《聊斋》故事做成的印象相互混合，觉得和做梦简直差不多。"这是怎么回事？是结束还是开始？"父女默默地各有所思地向站门走去。

　　到出站时，才知道已落了大雪。大片鹅毛雪落得格外猛，面前强烈的照路灯也掩住了。那个爸爸自言自语说："这就叫作天有不测风云，人有……"

　　爸爸为她理理领子，并肩走去，十分温柔地说："妮妮，可哭了吧。不要哭！做人要坚强一点。不会是爷爷。哪有那么巧事？一定是车站上的老骗子，或者稍微也有点'文化'，认得几个字，人老成精，骗过不知多少人。白天在附近胡同里各处转，看机会，找空子，见到我家新门牌上姓名，又弄不大清楚，我们注意不到他，他倒早已注意到我们。趁我们出门，傍晚时，就想主意来诈骗，连哄带吓，只因缺少调查研究，所以话说得不伦不类。骗子就只这点本领，肯定以后就再也不敢来了。你小心谨慎，不开门上当，是完全对的。绝不会是那个爷爷。爷爷早死了，如果真是爷爷，难道人一老，就糊涂得还不知道我们姓什么。我自己难道也还不知道姓什么，需要这个老骗子来做证明？照旧小说的说法，就叫做人心不古。住在车站旁哪能避免这种麻烦？"

尽管这么自圆其说，好像合情合理地安慰妮妮，可是自己终不免也有点儿疑问："既不会是爷爷，也不大像骗子，此外还是什么？家乡难道有个什么人，鬼……大表爷爷？那就更早已经……"

两人回到家里时，妮妮进门，照习惯摸摸门里邮信箱，果然有个信。其时街灯虽已明亮，自己还泪眼婆娑模模糊糊，乍一看封面有个"张"字，就以为是妈妈张梅溪的。到了屋里，妈妈接过了信，却尖声叫嚷起来："永玉，永玉看看这是什么？"父女两人还来不及脱大衣，一齐凑拢去。原来信封上就明明白白写着：

张永玉同志收

果不出所料，原来事情并没有完。显然是恐吓讹诈信。上海流氓老玩意儿，想不到还会出现在首都！信厚厚的超过了量，还整整齐齐地贴了二十四分新邮票。作为爸爸的一家之主，素来十分自信，不免又紧张又故作从容，掂掂又摸摸，重虽重，里面还像是软软的，一家四人聚精会神围坐在桌边，他才谨谨慎慎地把信裁开，满以为是什么秘密宝盒，裁开后大家不免嗒然失望。原来里面除了二十张空白格子稿纸，什么都没有。信封却写得端端正正，邮票上好像是忘了盖戳记，看不清楚原寄地。此外即毫无线索可寻。一切更加了一家人的糊涂。

吃饭时，几个人还猜来猜去，更深一层陷入迷惑中。完全意料不到会有这么一件事发生。特别是家中年纪最小的黑妮，等于在温室里长大的，更容易感到混乱。究竟这是真有其事，还是根本没有什么事？自己找不出正确回答。

倒是会下围棋的哥哥老成，沉静仔细，不发表什么意见，因为他胸有成竹，认为可能是几个平日最相熟会开玩笑的同学（大顽童）有意安排，让两兄妹捉迷藏的。并且断定信中还有漏洞或秘密可以发现。因此吃过饭后独自坐在那张十年前爷爷来时必坐坐的专用旧榆木大椅上，用个"福尔摩斯"办案姿势把那个信里的白稿子一页一页翻来覆去，认真仔细地加以研究。并且还把每一张稿纸都在灯光下照一照，还是得不到什么名堂。只差建议把这打白稿纸浸在水中显显影。于是为这个信下了个结论："肯定是张大头和另外一个什小鬼有意开的玩笑。因为破绽百出……"忽然有所发现大叫起来，大家竞着去看时，原来末后一纸，还用淡墨写了五六行小字，写得偏偏斜斜的，近于有意增加神秘，真像是捉迷藏，写的是：

张永玉，你这个聪明人，真是越读《矛盾论》越糊涂，转向反面。到今为止，还不知道自己究竟姓什么，妻室儿女也不明白自己姓什么。世界上哪有这种聪明人？为什么不好好地作点调查研究，或问问有关系的熟人？你回家扫墓时，为什么不看看墓碑上写的是什么？

一家人为这个新发现全呆住了，怎么事情越来越复杂？这骗子可并不傻，真有两手！

使得做爸爸的格外沉静，好像中了一箭，可不明白伤口何在。一再掂起末尾那张稿纸上几行文字琢磨："对，我是没有问过，我自己父亲的一生也不大明白！上坟也没有看过碑上写些什么，只知道上几代有个黄河清，是读书人，点过拔贡，看守文庙，相当穷。老家有株大椿树，三四个人还抱不住，所以叫作'古椿书屋'。此外白纸一张。有几个姑婆和几个伯伯叔叔，还不明白！"

过了许久，忽然"心有灵犀一点通"似的，拍手大笑起来，好像发现了什么秘密或真理："哈哈，我明白了，明白了，这个巧谜子可被我猜破了。是开玩笑，又不是开玩笑。此话怎讲？一分为二，对妮妮是在开玩笑，对我们可不是。为什么前十多年，爷爷在北京时，家里许多事从不问问爷爷？回家时上坟，也不注意过碑上写了些什么？爷爷一定还活着，这是爷爷写的。一定从云南回来，刚下火车就来看我们！知道家里只妮妮一个人，故意逗妮妮开心，装得糊糊涂涂，话说得牛头不对马嘴，妮妮一开门，岂不是就明白揭穿了？妮妮太小心谨慎，这回可真被骗了，我们也连带被骗了。今天不来明早一定还会来。准备欢迎，不会错。"

经过一家之主的仔细加以分析解释，母女想想："有道理，有道理。"自然不免是喜极而悲，因为爷爷居然还活着，可是随后却不免又怀疑起来，世界上巧事虽层出不穷，中国红卫星还一再上了天，而且一个比一个完备。可是难道编书的写的序言，还会是旧社会老一套，和书中谈狐说鬼的老故事差不多，全是半真半假说来哄人的？明天万一不来，又怎么说？因此家中"小诸葛"黑蛮的意见，暂时占了点上风，值得考虑。他觉得"这肯定还是几个同学有意捣乱，不要见神疑鬼。我决不相信，我决不相信"。

可是随后不久，就应了俗话所说，"三个臭皮匠凑成个诸葛亮"，黑蛮设想，缺少群众基础。父女三人共同的分析，终于把自以为是的"小诸葛"意见推翻了。因为世界上除了爷爷，哪里还会有另外什么人，知道家里事情那么清楚详细，并且还点明从家里祖坟墓碑上可解决问题？"什么张梅溪"，"报上名来"，

"我可真走了"，除了爷爷逗孩子，故意激恼妮妮，还有什么人会有这种口气？黑妮终于笑了起来，哥哥却记住了"求同存异"，不仅外交上用得着，讲家庭团结也少不了。就不再说什么，用个"等着瞧吧"停止辩论，当然大家也是"等着瞧"的。

至于这一家究竟姓的是千字文中第一句"天地玄黄"的"黄"字，还是百家姓里第六句的"何吕史张"的"张"字？这问题忽然提出，完全出人意料，读者也是一定不下于这一家人迫切想要明白个水落石出。姓氏本来近于一个符号，或许可以姓黄，也可以姓张，言之不免话长，要知后来如何，且听下回分解。常言道，无巧不成书，真正巧事还在后头，诗曰：

想知眼前事，得问知情人，

不然真糊涂，懵懂过一生。

世事皆学问，举措有文章，

一部廿四史，慢慢说端详。

一九七一年六月一日，完成第一章引子，第四次重抄完毕于双溪见方一丈斗室中，时大雷雨过后，房中地面如洗。溪水上涨，公路便桥桥面去水仅尺余，溪水再上升，恐将冲毁。可是那个三孔大石桥还上好的以通行，另外一个新桥又已在准备动工，溪水再升级也不妨事！

附录三

孤寂中的思亲奏鸣
——读《来的是谁？》

刘一友

读罢永玉老师给我的信，又细读了沈从文的《来的是谁？》，甚为惊喜。

我主编过《沈从文别集》，又参编过《沈从文全集·小说》10卷，为对得起那个"别"字和"全"字，曾与另两位同事在北京、上海、广州、昆明、贵阳各高校图书馆和有关研究单位资料室反复进行过细细收罗，也曾翻拣过沈从文未发表过的大量文稿，结论是1950年后，沈从文从未正儿八经地写过一篇小说。

谁料到，上述结论已做出多年，"全集"也编成出版了，如今突然冒出这么一篇内容有几分怪异，文体特征又十分完备的小说来。

十分感谢今年九十三岁高龄的黄苗子先生，他在浑然中将这小说原稿如此完善地保存了三十多年，最后来个"原璧归赵"，让永玉喜出望外，也让我等有幸见到这样一篇奇文。

永玉信中，建议我对这篇小说产生的因果关系作些说明，这是件有趣的事。

过去我曾就《边城》写过类似文章，遇到疑难，便径直去问沈从文先生，现在不行了，还想对《来的是谁？》解读得比较准确，难矣哉！

好在永玉的信对我有多方面的启发，让我能摸到点门路来进行独立思考。

所得印象，《来的是谁？》是沈从文为自己打算写的一个有关外公一家长篇传奇所做的"楔子"或曰"引子"。至于它的产生机缘，一与沈从文和自己外公一家几代人的亲情奇迹般地从未疏离有关；二与"文化大革命"中，沈从文被下放湖北咸宁双溪乡下时的特殊处境和特殊心境有关。因此，本文拟就以上两方面情形做出必要的介绍，然后再兼及其他。

一

外公外婆，在我们凤凰呼为"家公""家婆"，这"外"字和"家"字比较起来，后者实在亲切得多。那本来就是母亲生长的家嘛。敏感的孩子会发现，母亲回到娘家和自己父母兄弟在一起时，常会比在婆家更为本色和自在，这也让孩子多了份快乐。

当地儿歌童谣，涉及外公外婆的颇多，是一种亲情关系的反映。比如年节到了，用竹篾织成灯笼，糊上透光好的小白纸，晚上在里面点支蜡烛，孩子们提了，在屋里屋外走出走进，兴奋中，必反复叫着城里孩子们常用的一句话："打灯笼，走家公！"如已在外公家，则改呼为"打灯笼，照家公"！以示这灯笼不是白打的，要为自己可爱的家公服务。再如，平日玩耍，打死个苍蝇蚊子去逗蚂蚁就食，也会提醒先来的小蚂蚁，不要忘了请谁来一道共享。此时蹲伏在地上的孩子，必同声念道："蚂蚁子，快报信，报你家公家婆抬板凳，家公冇来家婆来，伢伢崽崽一起来……"接着便是向蚂蚁吹嘘这份美食是如何如何的香，如何如何的甜，太长，就不引出了。另，常见外公外婆对外孙们总是慈爱过分，有时也就不免落了个慈爱可欺，以至有的孩子竟敢在外公外婆家的院子里、窗户下同声高叫不知何年何月由何坏蛋编的如下儿歌："家公家婆，骑马过河，家公落水，气死家婆！"

反正，外公外婆，包括他们一家大小，在大多数人的童年印象中，总是生动活泼，其乐融融的。只是其欢乐和深挚的强度，则会因外公一家境遇松紧、人丁格局、距离远近、相见机缘以及文化背景等等因素引发出种种的差异。

沈从文和自己外公一家的关系属格外亲密的一类，而外公家长辈们的种种传奇，也更是沈从文一直引以为荣的。

凤凰厅的崛起，与明清两代镇苗相关。清代嘉庆初年，这里开始推行屯田养勇制度，当地男子因之绝大多数以当兵为业。到咸丰同治年间，凤凰一支训练有素的"筸军"汇入曾国藩的"湘军"，攻打太平天国那伙"长毛反贼"，累建奇功，产生了一批将军。田兴恕、张文德、刘士奇、滕加洪、杨岩宝和沈毛狗（也即沈从文的祖父沈宏富）等，都是在那种机遇中当上提督或总兵官的。不过，就这批角色的出身而言，先前大都只是些从乡下进城打零工、卖马草的贫下中农，大字不识几个，发迹后才挤入城区，建了自己的公馆，成为有地位的人物。

沈从文的外公黄河清，也即永玉的曾祖父和以上一批人比较，就完全属于另外一格了。沈从文在《自传》中说："外祖是本地最早的贡生，守文庙作书院山长，也可说是当地唯一读书人。"

沈从文把"最早"和"唯一"都用上了，看得出，他要让人知道，自己外公是何等的不同凡响。

可惜的是，当时沈从文写这短短的介绍时不够细心，只笼统地说是"贡生"，没指明是"贡生"中的"拔贡"。

在清代，"贡生"有五种，指"岁贡""恩贡""优贡""副贡""拔贡"，此五类均算"正途"，另有"例贡"，系通过捐纳取得的贡生。五贡中，"拔贡"属于最为难于获取的一种。所谓"拔贡"，指的是由各省学政亲自从生员中遴选出的"文行兼优"，获准进入"国学"（国子监）读书的人。说它难于获取，首先是选拔时限问题，雍正时六年选拔一次，乾隆以后直到清末，十二年才选拔一次。

另外还有名额问题，名额限制极严，"定顺天六人，直隶府学二人，州县学各一人"。县厅一级，十二年内才会由省学政挑选出一个来，被选中是何等的不易！

这就是出了"拔贡"的人家，门上要悬匾以示荣耀的由来。其他"贡生"无此待遇。

更值得一提的是，在国学中读书的"拔贡"，既可直接参加"乡试"去考举人，也可经一次特别的"朝考"，合格后充任京官或地方知县和教谕。

黄河清于道光十七年（1837年）获取丁酉科"拔贡"后，没有去当小京官或地方知县，而是回到故乡，在设在文庙中的官学作了教谕，这近乎当今公办学校的校长，而不是沈从文说的"守文庙"，说"书院山长"也有欠准确。

沈从文对自己外公的介绍，"拔贡"未说，这是不足处，但说外公是当地"最早的贡生"和"当地唯一的读书人"，则属于说得兴起而不计其余的结果。查查相关资料便可知道，从雍正至道光，百年左右，在黄河清之前，凤凰已有过七个"拔贡"，至于"读书人"，百年间，考取举人进士虽然极少，不等于没有，只是中翰林倒是光绪年间才由熊希龄做了突破。

其实，黄河清在当地所创下的"最早"或曰"第一个"的纪录，应是当教谕和编厅志两项。

第一项，从雍正十三年（1735年）移麻阳县训导来凤凰办学，到乾隆十九年（1754年）开始选派教谕，直到道光十七年（1837年）后的两三年止，凤凰厅官学所有的教谕都是由外地的进士、举人或贡生担任，到黄河清才开了由本地自产的高级知识分子充当教谕的先河。须知此时的凤凰是直隶厅，行政级别与府平行，这教谕地位自然也不一般。黄河清这样的"最早"或曰"第一个"是破纪录的。

第二项，在清代，凤凰厅共编过三次《凤凰厅志》，乾隆一次，道光一次，同治末到光绪初年一次。《凤凰厅志》属于官书，要求极严，且涉及地理、历史、政治、经济、军事、教育、民情风俗及艺文诸多方面，充当"纂辑"的，也即今天所谓的"总编"或曰"主编"的人势必得德高望重且文才厚实。《凤凰厅志》乾隆版、道光版的"纂辑"都是上级选定的外来文官充任，唯有这次同治七年（1868年）开始筹划，1872年正式建立写作班子，1874年脱稿。为筹集刻版经费，到光绪四年（1878年）正式印出的《凤凰厅志》，其"纂辑"是由本地黄河清一人担当的，这岂不又是一项"最早"或曰"第一个"的纪录！

黄河清担当"纂辑"，在厅志中所列头衔为"蓝翎同知直隶州用遇缺先选知县丁酉科拔贡"，其助手阵容整齐，有的是"花翎道衔""六品道衔"的角色，再加上一批贡生、廪生、生员、书吏一共七十多人。因系"官书"，当然得由当地最高官员挂个名以示重视，这点古今一律。黄河清主编的厅志，充当"鉴定"的，也大约相当编委会主任之一的是当时驻节凤凰的最高行政首长，"花翎盐运使衔署理分巡湖南辰永沅靖兵备道陈宝箴"。此人即大学者陈寅恪的祖父，后来当了湖南巡抚，光绪年间推行"新政"是鼎鼎有名的。

总之，黄河清一生作为都与文化教育相关，其中两项在当地的"最早"或曰"第一个"，本身就属一种传奇，在当年满城大小"丘八"的环境中，他作为一名出类拔萃的文化人出现，自然格外引人注目和备受尊敬了。

更何况，仅从家庭出身一项来说，黄河清也是无懈可击，因为当年对生员的选拔，要查其人曾祖父、祖父、父亲三代履历，凡三代中有"娼、优、隶、卒"的，子弟便不能入选，从这规矩推定，黄河清家庭出身也是响当当的。

在黄河清紧靠文庙的三间木屋的前院里，有祖辈栽的一株高大椿树，他就此将这住处号为"古椿书屋"，出的诗集题为《古椿书屋诗稿》，大门上挂了"丁酉科拔贡"蓝底金字匾额，得其所哉！

很显然，出身贫下中农，从当兵发迹当上将军的沈毛狗，当年在为自己儿子沈宗嗣，也即沈从文的父亲选亲时，看中了黄河清的女儿，这多少是有意在另攀老资格的"书香门第"了。

沈从文的舅父黄镜铭，也即永玉的祖父。在谈及他时，沈从文也不乏自豪。舅父年轻时，曾一度到北京为本县那位当过一阵子国务院总理的熊希龄帮忙，料理香山慈幼院之类的事。

沈从文说他"是个有新头脑的人物"，这人物回凤凰后，果然举措不凡，"本县第一个照相馆是那舅父办的，第一个邮政局也是舅父办的"。

这里，沈从文为自己外公一家又列出了两项"第一个"。

在谈及自己母亲黄英，也即永玉的姑婆时，沈从文特别着笔的是"所见事情很多"，"所读的书也似乎较爸爸读的稍多"，"我的教育得于母亲的不少"，"我的气度得于父亲影响的较少，得于妈妈的似较多"。

从沈从文对外公一家两代"最早""唯一""第一个""所读的书也似乎较爸爸读的稍多"等一系列的介绍看来，沈从文相当看重外公家的这一线文脉，他自己学历不高，先前当兵，后来从文，因此产生一种拟将自己文脉与外公一家接轨的潜意识，这不足为奇且甚为有理。不过，就童年时代的沈从文而言，外公一家的种种传奇，他不过东鳞西爪地捡到一些而已，细作打探，将是长大以后的事，而真正让他长久地难以忘怀，且极易在一定情况下涌动的，还是自己当年快乐地在外公、舅舅家窜出窜进所积淀下来的那份多样而深厚的血缘亲情。

二

沈从文童年时家住凤凰城内道门口中营巷，外公外婆舅舅家住城内文星街文庙巷古椿书屋，转弯抹角走石板小街，也只一里左右的距离，这让童年的沈从文即使是夜间也不一定要"打灯笼"才能"走家公"了。

沈从文 10 岁那年，父亲沈宗嗣因在凤凰竞选省议会代表失败，愤而出走北京，旋又因谋刺袁世凯事泄，逃匿关外，在外亏欠甚多，常借别人之手写信回来叫典卖田地还债，弄得家里濒临破产。拖着五个儿女的黄英，生活困顿可想而知，在这种情况下，走娘家不免就多了些实在的内容，也属理所当然。

据街坊老人回忆，当年沈从文和弟弟妹妹们，在相当一段时间里，一周起码有三五天在外婆、舅舅家吃，从不口软。不过，对童年的沈从文而言，让他真正开心的还是舅舅家的热闹。

外公只一子一女，到舅父一代，人丁兴旺，有四子一女，这样，仅说表兄弟，沈从文就有了四个，其中三表兄黄玉书（毓麟），也即永玉的父亲，与自己年纪相差不太大，更易于玩在一起，情谊也因之更深。若干年后，沈从文还向永玉谈及自己五六岁时，一个人在外婆家玩得太夜，三表兄勇敢地护送自己回中营巷的种种细节。在沈从文的记忆中，青少年时期的三表兄实在是个妙人。舅舅在北京帮熊希龄做事时，曾让三表兄也有机会到外地走走，北京不用说，沈阳、哈尔滨、张家口、上海、武汉、广州他都去过，一旦远游归来，自然成为新闻发布中心，在向自己一大群弟妹、表兄弟妹讲述异地见闻时，兴奋中，他有本事将亲见的和耳闻的杂糅，还能根据需要，临时信手拈来一些幻想添加其中，以求达到说的人和听的人双方都得以陶醉的效果。许多年后，沈从文还记得三表兄说过的杭州西湖，湖边上如何如何柳树成荫，如何如何有大批光头和尚，穿华丝葛、料袍，沿湖唱歌念经，列队敲着木鱼，蔚为奇观。

说来也怪，沈从文与自己三表兄缘分特别好，1921 年，19 岁的沈从文与三表兄在常德巧遇，同住一小客栈内打发日子，久了，落入拖欠老板娘房费餐费的地步，不时受到那女人旁敲侧击的尖刻奚落。在这种情况下，沈从文有些坐卧不安了，可三表兄却泰然自若，向自己表弟讲出成组的、真假难辨的传闻逸事，用以鼓动二人幻想，抵御现实的窘境。他说"巴黎艺术家，不管做什么都不碍事，有些人欠了二十年的房饭账，到后来索性作了房东的丈夫或女婿，日子过得蛮好"，又说什么"北京戏院里，梅兰芳出场前，上千盏电灯一熄，楼上楼下包厢里，到处是金刚钻耳环手镯闪光，且经常有阔人掉金刚钻首饰。上海坐马车，马车上也常有洋婆子、贵妇人遗下贵重钱包，运气好的一碰到即成大富翁"。

沈从文后来从事小说创作，在一本小说集的序言里，特别提到三表兄善于将见闻与想象巧妙杂糅的本领对自己所产生的奇妙影响。

可惜的是，沈从文的这位三表兄自己不曾想到去当作家，只一个劲地喜爱音乐美术，在同桃源师范毕业的杨光蕙，也即永玉的母亲结婚后，双双回到凤凰当起新式学堂的教员和校长来。当然，这也是一种不错的选择，为家乡的文化教育事业作新的开拓，算是继承了祖辈的传统，从文脉上看，几代间也算是一以贯之。

只是时运不济，大动荡到来，先是北伐军节节胜利，农民运动高涨，二人都加入了共产党，接着是"马日事变"，被迫逃匿，事平后，内战频频，过些年又遇上抗日事起，凤凰男子大都上了前线，三表兄也不例外被裹挟而去。全国陷入空前苦难中，小城人生计随之陷入困顿，黄家自然也一道败落下来。1937年，当沈从文在长沙又一次巧遇三表兄时，当年那位极善编排故事，可谓舌底生花的妙人，已只是一个情绪低沉，甚至有几分拘迂的小小中尉了，令人晞嘘！

总之，沈从文曾目睹过外公一家所经历的太平、动荡，富有、贫穷，安全、危险相互交错的种种变化，在他敏感的内心中，到底积淀了多少欢乐与痛苦，无人能代为回答，只有待他自己执笔为文，人们才会见到其间的丰富和深沉。

三

凤凰民谚有云："一代亲，二代表，三代四代认不了。"说的是母亲一方的亲缘关系往往到了表兄弟之后便疏离了。这也有理，表兄弟们长大后，各奔东西，他们的子孙，更会是天南海北，相见无由，再加上亲戚日益枝蔓，亲密何来？

不过，几乎是天意，沈从文和自己外公一家，特别是和自己三表兄这一脉的亲情，却异乎寻常地在"三代四代"间得到了让人惊羡的延续，而这事，又最好从《一个传奇的本事》这篇文章的出现引发开来，做出介绍。

1945年抗日战争结束，1946年原在昆明的西南联大解散，北大、清华、南开三校各自复员，沈从文被北大续聘为教授，并于当年8月回到北京，一面教书，一面在北京、天津、上海多家报刊上发表文章。1947年2月，当时从福建乡下抵达上海不久的永玉给他去信，告知自己先前的一些经历和眼前的难处。这个十余年前自己返回凤凰探亲时，只在三表兄家瞥过一眼的小孩，经过一番颠沛流离的生活，如今竟以一个青年木刻家的角色出现，这让沈从文心中激起了巨大的亲情波澜。他联想起永玉的父亲，那个自幼与自己关系亲密，后来在沅水青浪滩前作绞船站站长的三表兄，一身长处，在那动荡的年代里，不曾得到发挥，郁郁不乐，几年前竟在一场小病中过世了。由此，又联想起自己家乡其他大批青壮好友，也如何的在抗日战场上消耗殆尽，不免悲从中来，写下了《一个传奇的本事》。

文章本是为介绍永玉木刻而动笔的，写下来的却是"永玉本人也不明白的本地历史和家中情况"。这是一篇乡情与亲情交响的悲怆乐章，于当年3月23日在天津《大公报·星期文艺》

和上海《大公报·文艺》同时刊出。永玉在上海街头路灯下，一遍又一遍地读着这篇文章，哭了。

这文章的出现，仅从沈黄两家关系的角度来看，有着一种标志性的意味，它连接了过去，更启动了未来。

从这以后，沈从文与永玉的联系多了起来。永玉原名"永裕"，沈从文认为近乎一个布店老板，建议改为"永玉"。

1950年，永玉夫妇从香港到北京看望沈从文，在沈家住了一个多月，这年沈从文四十八岁，永玉二十六岁。算起来，这是沈从文第二次见到三表兄的这位长子。

1953年，情况大变，永玉出于对自己未来发展的考量，加上沈从文和郑可的鼓动，于这年2月和梅溪带了才七个月大的黑蛮从香港到北京，执教于中央美术学院，恰恰两家住处相距不远，两表亲来往便捷。1956年，黑妮出生，家里更为热闹。沈从文常去黄家，总是笑眯眯的。永玉一家四口，更是不几天便倾巢出动去探望"爷爷"。如此这般，算到"文革"爆发，长达十三年。"文革"后期到20世纪80年代后期，又是十多年。两表亲有机会如此长期相处，近乎奇迹！

在沈从文眼里，三表兄这位长子身上，显然继承了外公一家那份文脉，且在更广阔的天地里生机勃勃多方开拓，发扬光大了。真是前程似锦，不可限量。欣喜中，沈从文也把自己的人生经验向永玉传授，以期自己表侄在艺术发展上，更加灿烂辉煌。所传经验，如今已广为人知的有三条：一、充满爱去对待人民和土地；二、摔倒了，赶快爬起来往前走，莫欣赏摔倒的地方耽误事，莫停下来哀叹；三、永远地、永远地拥抱自己的工作不放。

值得高兴的是，沈从文与外公一家的亲情，从清末到民国，又到中华人民共和国，一直演绎下来，到了永玉一代，更见出丰富多彩了，其种种生动处，在永玉《太阳下的风景》和《这一些忧郁的碎屑》中，涉及甚多，此处不做重复。

只可叹，美中不足，在沈从文和永玉一家快乐相处的漫长岁月里，即使在"文化大革命"前，大环境也常常令人不安，特别是二人投身其间的文化领域，更是波谲云诡、内斗频繁，灾难深重，黄钟毁弃，瓦釜雷鸣。好在 1957 年反右狂潮中，两人均涉险过关，沈从文一家，也仅仅只有在大学念书的大儿子龙朱一人"落网"。

在回顾两位表叔侄之间几十年的亲情时，永玉写道："跟表叔的第三次见面是最令人难忘的了。经历的生活是如此漫长，如此浓郁，那么色彩斑斓。谁也没料到，而恰好就把我们这两代表亲拴在一根小小的文化绳子上，像两只可笑的蚂蚱，在崎岖的道路上作着一种逗人的跳跃。"

这话说得概括而又准确，比拟中略见苦涩。正是这两代表亲几十年漫长的相聚，使沈从文对永玉一家四口可说熟悉透了。

如果沈从文以这一家子当人物原型来写小说，把他们性情写个淋漓尽致绝不会有什么困难。又，如果沈从文想写自己外公一家几代的传奇本事，写到永玉，更是什么材料也不劳去查找了。

四

1966 年，史无前例的无产阶级"文化大革命"爆发。这是一个特殊的时段，沈黄两家的漫长亲情也随之在一种异常状态下继续演绎。

"文革"初期，沈从文一度被扣上"反动文人""反动学术权威"，甚至"反共老手"之类的政治帽子，勒令去打扫厕所以示羞辱。永玉一方，则因"资产阶级教学思想"和一组"动物短句"被起来造反的学生清算、鞭打、关进"牛棚"。

一次，沈从文与黄永玉偶尔在东堂子胡同迎面相遇，两个"牛鬼蛇神"岂敢停下交言！只是擦肩而过时，沈从文对永玉嘱咐了三个字，"要从容"！那期间倒是梅溪处境略为松动，偶尔到沈家来匆匆照料一点杂事，比如沈从文的一些藏书被造反派视为"封、资、修"的毒草，抄家时将它抛在院子外日晒雨淋，梅溪前来帮忙，烧的烧了，或几分钱一斤作为废纸卖了。永玉一家倾巢而出去探望爷爷的事已不可能，沈从文挂记着黑妮黑蛮，偶尔听说兄妹二人在火车站作"革命"宣传，为旅客读什么《公报》之类的事，也珍视异常，作为向远方亲人传播的好消息。

1969 年 11 月，沈从文在三年多时间内被抄家八次，陪本单位"走资派"挨斗若干场，先后作过大小六十多次检讨和交代后，被下放湖北咸宁双溪区五七干校劳动，以便"改造思想"。当时沈从文估计自己这次离京怕是不能再回来了，临行前，把平日积留下来一点点现金分给自己的孩子们，永玉当然也领到一份。

　　沈从文到达双溪后，人地生疏，宿食两难。住处几经搬迁，最后一个人被安置于一间一丈见方的破烂斗室中。窗口极小，光线昏暗，瓦间漏雨，地上常年潮湿，得用砖头铺成十字方能行走。室内常有蟋蟀青蛙窜入，室外则曾传来蛇的"呼呼"声。

　　说到吃饭，他自己曾有表述："三月雨雪载途，泥泞中拖拖沓沓，至区里大厨房就食，或取回到住处，用小煤油炉加热，就微明窗口食之。"

　　那期间，沈从文的身体实在太不争气了。下放前，在北京时心脏毛病就让他担心自己在一二十分钟间突然报销。到双溪乡下后，开始还能接受任务，看守菜园，赶猪防牛，很快连这也不能胜任了。血压常在 220/120 之上，一度高达 240/150。附近两家乡镇医院的医生和他自己都明白，报废只是迟早的事。1970 年 8 月就曾卧床十天，11 月更因高血压、心脏病和肾结石并发，被送进咸宁县医院救治四十天，"居然渡过难关，又回到双溪"。

他说自己并不怕死，"因为年到七十，总算到了标准"，只是认为"看来一时还不宜报废"的原因在于手头还有数十万字关于文物研究专题待写，都属开拓性的，别人无法替代。两次重病后，曾向五七干校连部、校部、北京原单位写报告请求返京一边治病，一边争取在不死之前，把应整理的研究成果做好。上缴国家，比在这里"坐以待毙"合算。报告呈上后，不是不予理睬，就是来信指责，说什么你先前的研究都还有待批判，其他就不要啰唆了。

以上迹象，让沈从文意识到自己已不可能再活着回到生活多年的北京了！由于身体越来越差，连出门也艰难，一个人独处小小暗室，这自然更加深了他给朋友信中所说的"极度孤寂"和"超孤寂"的心境。思亲之情，随之十分强烈起来。

1970年，他在《双溪大雪》一诗的《后记》中写道："远辞京国，移居咸宁，索居寂处，亦复自娱。一年数迁，迄无定处，天寒地冻，雨雪载途，又因不久即得转移，心脏已不甚得力，亲故远离，相见无由，生活虽特受'优待'营营宵征，一时间仍不免有飘零感，亦只见出个人脆弱处，毫无意义可言也。"

"亲故远离，相见无由。""文革"前，沈从文在北京的亲人圈子里，除自己家人外，最亲密，往来最频繁的便是与自己有着血缘关系而又生动活泼的永玉一家了。如今两家均已星散，夫人张兆和在咸宁距自己数十里外的另一所五七干校挑粪种菜，大儿子在北京一所学校工厂做工，二儿子一家早在"文革"初期随工厂离开北京，远迁四川自贡。而此时，永玉下放在离自己千里之外的河北磁县五七干校种地喂鸡，梅溪则带着黑妮黑蛮在混乱不堪的北京留守。

"极度孤寂"和"超孤寂"的沈从文在阴暗潮湿的斗室里，一面凭记忆写自己的文物研究专题，一面大量地与亲人通信，用以排解孤独寂寞。为了不让收信人因自己的"脆弱处"感到难受，信中常勉强地点染着一些"牧歌谐趣"。

这期间，沈从文给亲人的信真多，据如今的不完全统计也数以百计。其中，给梅溪、永玉的也不少。在给梅溪的一封信中，他写春天见母鸡带了刚孵出不久、满身绒毛的小鸡在太阳下走动觅食情形，开玩笑地对梅溪说，这比自己相邻院子中一个动辄打骂自己孩子的某姓女人更像母亲。在给永玉的一封信中，则说及夏天到了，双溪的荷花开得如何如何，如果永玉能来看又如何如何。

可以想见，沈从文在写信时，会感到自己是与亲人面立而语，在执笔的过程中，孤寂之感自然短暂地被忘却了。

五

本来写信就写信嘛，前面问声好，后面道个安，不就是这么个格式？谁想到，1971 年 6 月 8 日沈从文寄给"河北磁县

1584 部队二中队一连二排五班黄永玉同志收”的牛皮纸做的小信封里塞的竟是一篇八千多字的小说，标题为《来的是谁？》。

有点怪，这让劳动归来的永玉"晚上睡在被窝里思索老人在那种地方，那个时候，那种条件，忽然正儿八经用蝇头行草写起那么从容的小说来"，这是什么原因？

如今，当我读到这篇小说后，脑子里涌现的问题几乎和永玉的一样。出于一点专业上的习惯，更出于永玉的建议，我兴致很高地开始了自己的思考。

一切真正的文学作品，都是由一定的真挚情感触动而产生

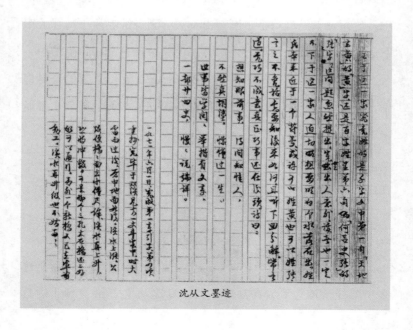

沈从文墨迹

的。对《来的是谁？》的产生机缘，开始我只把眼光聚焦在沈从文在双溪时的处境和心境上，说来说去，总感到不充分，于是重新琢磨小说中那份深挚情感的由来和他想写外公一家传奇的根本动因。最终发现这一切均深深地植根于沈从文与自己外公家几代人几十年积淀而成的丰厚的亲情基础上，思路由之豁然开朗！

我在自己这篇探讨文章开端的导语中所提及的两个"有关"，便是此时所得的结论。

正是基于以上的认识，我才不惜篇幅地首先对沈从文与自己外公一家几代亲情演绎的轨迹做出了追索和描述，花了整整三节文字。这之后才来讲沈从文在双溪乡下的处境和心境，又花了一节文字。虽然上述两个方面的内容都有独自成文的价值，但在本文中，却都是专为破译这小说产生根源而设的。

至此，我觉得自己把《来的是谁？》产生的基本"远因"和"近因"都做出了必要的说明，终于喘了一口气！

现在好了，大根源已清楚，再来就事论事，具体回答由《来的是谁？》所引发的一些具体问题也就不再困难。我的估计，由这小说所引发读者兴趣的问题大致不外以下两个方面：

一、为什么沈从文当年会用这么一篇小说来代替一封信寄出？小说的小主角为什么恰恰挑中了黑妮？小说中出场的老主角是生者寻亲，还是死者显灵，为什么写得这么扑朔迷离？这属于业已写出的部分易于引发的提问。

二、写外公一家几代人的传奇，对沈从文而言，条件早已具备，为什么不早不迟，恰恰在双溪乡下产生了动手写它的强烈冲动？这属弄清《来的是谁？》一文的"楔子"性质，知道沈从文总的意图后易于引发的提问。

现在先回答第一方面的问题。

《来的是谁？》写出的总根源在于一份深厚的亲情积淀，这道理不必再啰唆了。说具体的，作者之所以把小说当信寄出，是有所考虑的。"文革"事起，沈从文与自己的黑妮黑蛮见面就少了，下乡后，更是"相见无由"，给他们写信吧，两人都小，哪懂大人的事？不如写个故事让他们读，且把他们一家四口全编排进来，一定会逗得两个小家伙格外开心，大人也随之快乐，这真是个好主意。更何况，这样做的副产品将是引来两个孩子对乡下爷爷更多的惦念，在那个一再高唱"爹亲娘亲不如谁谁谁亲"的无情年代，能引动亲人对自己多一份挂牵，也算是一种难得的慰藉了。

为什么恰恰选中黑妮作了故事中的小主角？永玉一家，黑妮最小，"文革"事起那年才 10 岁。"遥怜小儿女，未解忆长安。"也因为小，易逗好惹。更具体的原因，从沈从文那段时间给另一些亲人的信中可见出蛛丝马迹。如好几封信中，都重复说到自己邻近某家一个十二三岁小女孩如何的"乖"，总笑眯眯的，放学回来劈柴烧水做饭时，常常快乐地唱着语录歌或样板戏。这小女孩一定让沈从文想到自己的黑妮了，试看《来的是谁？》中的黑妮，独自一人在家烧汤做饭时，不也在唱着样板戏吗？所不同的是，作者出于一点偏心，写到黑妮时，想象中的她不仅会唱，而且会演，在学校演的还是样板戏《沙家浜》中那位"机灵沉着有胆量"的女主角阿庆嫂，为他们做导演的更是剧作者"汪伯伯"，把汪曾祺也拉扯进来，是何等的排场！

至于《来的是谁？》中，出场的"爷爷"是生者寻亲，还是死者显灵？无疑是前一节中说过的沈从文当时在双溪乡下处境和心境的一种折射，他对自己能否活着回北京就持失望态度。另外，这种扑朔迷离的写法选择，也许与该年5月，也即沈从文动手写《来的是谁？》期间，"文革"初被列为禁书的《聊斋》突然解禁，这书借鬼狐以写人情的套路引发了他的兴趣有关。在刚听到该书解禁的消息，他立即给一些朋友写信传播，其中一封信里，他还说到当时自己的处境，颇有几分像《聊斋》中人物。这里还得指出，从作为长篇"楔子"或曰"引子"的角度来看《来的是谁？》，它的这种写法也有前例可循，试看《红楼梦》《水浒传》，作为"楔子"的第一回，不也是写得亦真亦幻，扑朔迷离吗？

关于前面提及的第二方面的疑问，也即为什么此时此刻沈从文书写外公一家传奇本事的愿望格外强烈起来？我的回答如下：

首先，这是因沈从文在双溪乡下"独居索处"，"亲故远离、相见无由"所直接引发的。在永玉给我的信中，对此作了分析，他说："孤寂的身心，在情感上不免在回忆中求得慰藉，那最深邃的，从未发掘过的儿时宝藏油然浮出水面。"沿着这一思路来想，对于多数人来说，称得上"最深邃"的"儿时宝藏"主要会由何积淀而来？按常情不外父亲一系、母亲一系。从沈从文拟写外公一家传奇这一打算看，在双溪乡下"极度孤寂"和"超孤寂"的他，定然在回忆中翻箱倒柜地把外公家几代人对自己的关爱，对自己的影响，还有他们的种种传奇和悲欢离合——再现了又再现，搅得他欲罢不能。

其二，与沈从文当时在双溪乡下健康状况有关，上一节文字里，对此我也介绍过了。此时此刻的沈从文总担心自己随时可能倒下，因此得快些动手把一些心愿了结，包括将业已"油然浮出水面"的外公一家的传奇。他明白，对永玉而言，自己是这一家最亲近的老一辈了，好像还是最后一个老一辈了。老一辈有老一辈应尽的责任，关于自己外公一家几代人的传奇，以及对自己的种种赐予，自己不写，无人可以替代。永玉有文采，但辈分晚，加之小小年纪即出了远门，对祖辈事所知有限，他不是连自己家的人姓黄，死后得改回姓张的缘由也浑然不知吗？

其三，永玉敏感。在给我的信中提到："究竟沈从文还是'文学'，'谁晓得这个长篇写下来以至完成，文学世界会是什么样子'？"此话有理，因为紧紧与各自所处时代社会错综交织的家族故事，具有反映特定历史环境下活生生的个性心灵的独特价值，一旦写得生动而又深刻，因此而成为传世佳作的，在中外文学史上均不乏先例，难说沈从文拟写这传奇时，心中没有这类潜在的雄心壮志。

将外公一家传奇写出来，对沈从文而言，条件十足，早在写自己自传时就有所涉及，1947 年写《一个传奇的本事》，更可视为他在这方面做的一次试笔。

1972 年 12 月，沈从文被北京的原单位叫回，一面修改"文革"前他已写成了初稿的《中国古代服饰研究》，一面治病，忙忙碌碌，长篇传奇的写作被搁置下来，连带在"楔子"中所设置的外公一族人生时姓黄，死后改回姓张的悬念，一并没有了下文。沈从文在世时，永玉也疏于追问，这悬念也就定格了。不过，在湘西这类生前一姓，死后又一姓的其他事例倒是至今还有。如吉首市某山乡下一支姓张的死后要改为姓陈，传说他们是陈友谅的后代，陈友谅曾和朱元璋争夺天下，在江西鄱阳湖大战中，曾一度让朱元璋吃过大亏，后来朱元璋当上明代首任皇帝，陈友谅的后代便属被清理追杀的对象，其中一支逃匿湘西蛮区，改为张姓，死后恢复姓陈，以便在阴间和老祖宗认同。永玉家的某代老祖宗是否也有类似开罪于政治上最高权威的过节，随着沈从文的去世，不见有谁能说出个究竟了。

《来的是谁？》从写成到现在，三十五年过去了。当年还是小孩的黑妮黑蛮，初读到它时，当然开心，但也能感受到其间的一份悲凉，他们急切地盼望爷爷能活着从乡下回来，叫出了："要爷爷，不要'红楼梦'！"那时，他们把沈从文拟写的长篇传奇代号为"红楼梦"。爷爷终于活着回来了，忙于其他，再没顾上"红楼梦"的写作，这当然十分可惜，不过，"楔子"毕竟是完完整整的，这是爷爷在极度孤寂中谱出的一曲活泼而又深沉的思亲奏鸣，仅就这楔子中所饱含的对永玉一家四口的这份温暖，也足够他们长久地、长久地深深感念了。

对于喜爱沈从文作品的广大读者来说，《来的是谁？》这篇小说在匿迹三十五年后的今天终于面世，值得庆幸。虽然它属于一个长篇的楔子，但毕竟是一篇故事有头有尾，人物有来有去，情节一波三折，心理描写和场景描写细致入微的完整篇章。同时，在行文中，沈从文所特有的那种含蓄的幽默和温婉的有礼令人莞尔。顺带说一句，对于喜爱永玉的人来说，《来的是谁？》在无意中还为大家提供了一个小小的机会——"瞧这一家子"！

更何况，《来的是谁？》是曾经打算"写一辈子短篇小说"，且有意要同十九世纪欧洲短篇小说大师"竞长短"的沈从文，在1950年无奈地改行，离开文坛直到1988年去世，整整三十八年间正儿八经所写的唯一一篇小说，仅从这角度看，它也该是何等的弥足珍贵！

2006 年 11 月 1 日

　　上月下旬，从旅顺、威海归来，读到永玉有关信后，写成于凤凰无饭不馔斋。

附录四

黄永玉行旅

1924 年 8 月，出生于湖南常德，半岁时随父母回凤凰城，时家住北门内文星街文庙巷。

到入学年龄后，入凤凰县文昌阁小学。

1937 年春，小学毕业，由父亲从长沙送至安徽宣城，交由堂叔黄村生带至福建厦门集美学校。时名黄永裕。

7 月，抗战波及福建沿海，集美学校迁入距厦门一百余公里的内地安溪县。

1938 年，由集美学校美术教员朱成添介绍，参加在金华由野夫、金逢孙主持的中国东南木刻协会。

1939 年，木刻《下场》在福建永安宋秉恒主持的《大众木刻》月刊上发表。生平第一次领到稿费。

1939 年，离开集美学校到德化念师范，三个月不到，离校到瓷场工作，并与另两位十几岁青年成立一木刻小组，共用一盒简陋的木刻刀。

本年，在泉州一古刹中偶遇弘一法师。

1941 年，流浪至福建泉州，加入当地的"战地服务团"做美工，得剧团团长王淮支持，出手印木刻集《烽火闽江》（二十五幅），王淮作序。此属永玉第一本个人专集。

1943 年，"战地服务团"迁至福建仙游。作新诗《三八那天》，并配以木刻《春天的树》，发表于仙游单复编辑的《闽中日报》上，此为永玉第一次发表诗作。

又，曾一度执教福建长乐培青中学。同年，自印木刻集《春山春水》。

1944 年春，"战地服务团"解散，从永春随壮丁队到江西赣州，加入"教育部戏剧教育二队"，此期间，木刻家耳氏、漫画家陆志庠、张乐平、木刻家荒烟、梁永泰等也在赣州。

同年秋，随司徒阳到江西信丰，司徒阳任信丰民众教育馆长，永玉任美术主任。曾为诗人野曼、彭燕郊、黎焚熏……的诗歌刻插图，为儿童文学作家贺宜《野旋童话》刻插图。

在信丰民众教育馆，结识了同事张梅溪女士。

1945 年夏，日本侵略军进攻赣南，信丰已听得到前线炮声，逃往江西寻邬，曾在寻邬举办个人风景画展。

同年 8 月，在寻邬听到日本投降的消息。

重去赣州，到距赣州六十余公里的上犹县报馆作美术编辑。有木刻《饥饿的银河》《东北啊！》《小草》等在该报发表。

1946 年春，从上犹骑单车赶到赣州，与已先到该地的张梅溪女士结婚。

同年5月，内战形势动荡，从江西去广州，转香港谋事未果，乘船到福建厦门，再转福建南安，在南安芙蓉村国光中学任教。开始与沈从文通信，沈为其改名，黄永裕改为黄永玉。刻有芙蓉村风景十一幅。

1947年春节时，设法到了上海。到杭州，拜会林风眠、章西厓……见到老木刻家李桦、陈烟桥、野夫……刻沈从文《边城》插图。并参加中华全国木刻协会工作，后被选为常务理事。

同年2月，与在北平的表叔沈从文书信联系，告知在上海的困顿，并寄木刻40件。3月23日，沈从文在《大公报·文艺副刊》上发表《一个传奇的本事》，谈永玉父母及永玉情况，永玉在上海街灯下含泪读罢这篇长文。

迫于生计，任教于上海闵行县立中学。

先后任中华全国木刻协会理事、常务理事，从事木刻运动和木刻创作。同时，还参加上海美术家协会。

此间，结识了美术界长辈张正宇、刘开渠、丁聪、王琦等，又结识了文学界长辈臧克家、楼适夷、唐弢、黄裳、戈宝权、陈冰夷、水夫、汪曾祺、冯雪峰。一次，因事去南京，认识了黄苗子、郁风夫妇。

本年5月，上海大学生举行"反饥饿、反内战大游行"，刻《消灭打手》(又名《打杀特务》)、《你这个坏东西！》、《反内战、反饥饿游行》等，由同济大学学生手工拓印两三万张广为散发。同时，自己也参与了游行。

1948年3月，正是谋生困难，政治氛围令人气绝时，恰好张正宇要去台湾编一部《今日台湾》风光大画册，要两名助手，选中陆志庠和黄永玉。坐船到台湾后，住台北，后由台北去台南，观赏了阿里山、日月潭，并采访了高山族，又去了台东、花莲等处。主要从事木刻，兼作油画。木刻有《台湾牛车》《台湾按摩女》《台湾小食摊》等，另有石刻《杵歌》。

同年夏，为逃避国民党特务抓捕，得"特别的朋友"帮助，从台北基隆乘船到香港。

到香港后，旋即加入"人间画会"，从事木刻创作，兼作自由撰稿人。为香港长城电影公司、龙马公司、文华公司写有《海上故事》《儿女经》。《儿女经》拍成电影。

同年，在香港大学冯平山图书馆举办首次个人画展。

又，在香港思豪酒店举办个人画展。

1949年，参加港九慰问解放军的"劳军画展"，创作木刻《劳军图》。

从台湾到达香港后年余间，与楼适夷来往较多，结识了聂绀弩、王任叔、张天翼、杨晦、唐人、耿庸、端木蕻良、方成、巴波、林景煌、陈敬容、蒋天佐、阳太阳、叶以群、胡风等一大批文化人。另，还见到了茅盾、夏衍、潘汉年、乔冠华等。

1950 年，为声援香港电车工人罢工，写《罗素街报告书》一诗，在《文汇报》上发表，并刻插图两张。

同年，与张梅溪由香港到北京探望沈从文，住了一个多月后转凤凰各乡写生，后回香港。

在故乡画了许多画，请表叔沈荃及家乡宿儒田名瑜题字。并写有散文《火里凤凰》，在《大公报》连载。

1951 年 1 月，第二次在香港思豪酒店举办个人画展。展出木刻五十幅及一批彩墨画，绝大部分为上年回乡所作。

同年，经严庆树、罗承勋介绍，任《大公报》临时美术编辑。与金庸等同事。

1952 年，第三次在香港思豪酒店举办个人画展。

1953 年 2 月，与张梅溪带着七个月大的黄黑蛮到达北京。促使永玉到北京工作的是两位老人，一为雕塑家郑可，一为沈从文。此前，沈从文曾写信给在香港的永玉，鼓动他"你应速回，排除一切干扰杂念速回，参加这一人类历史未有过之值得为之献身的工作。"

回北京后，任教于中央美术学院版画科，先后任版画系讲师、副教授、教授。

参加中国美术家协会，先后任理事、常务理事、副主席、顾问。

1953 年，受中央美术学院委派，到荣宝斋学习水印木刻技术。

同年，为冯雪峰《雪峰寓言》刻插图及尾花二十余幅。

1954 年，创作木刻《齐白石像》《打黑熊》《新的声音》等作品。

1955 年，为张梅溪《在森林中》刻插图，为民间故事刻插图。

1956 年，为云南撒尼族叙事长诗《阿诗玛》创作水印套色木刻插图十幅，并用之参加了"第二届全国版画展"。

同年，还为《叶圣陶童话选》及古代寓言作过木刻插图。

1957 年，带学生到大兴安岭采伐场写生，刻有《小鹿你好》《森林小学》《森林之路》等，并写有《森林小学》《森林浴池》《森林的黄昏》等散文，在《人民日报》发表。又，创作森林建设组画邮票四枚。

1958 年 9 月，《黄永玉木刻集》（1946—1957 年）由人民美术出版社出版。

同年，为郭沫若《百花齐放》诗作木刻插图一批，另刻有"大跃进"作品数张。

同年冬，回故乡凤凰写生，有学生黄步勇同行。

1959 年，为中国历史博物馆创作大型壁画《中国各民族大团结》。

1960 年，赴云南西双版纳等少数民族地区写生、采风。

同年在中国美协美术馆举办"西双版纳写生展",除木刻外,有国画、油画、水彩、水粉等多种形式的画作。又应上海美术电影制片厂邀请,作剪纸动画片《等明天》的造型设计。

1961 年,创作木刻《春潮》。

1962 年,刻《赶集》《葫芦信》(傣族民间长诗插图)等。

1963 年,中央美术学院成立"黄永玉版画工作室",并招收学生。

同年,刻有《夏衍像》《高尔基像》等。

又,参加中央文化工作队,到辽宁盖平县朱家屯进行为期数月的艺术考察。

1964 年,再度为儿童文学作家贺宜的《野旋童话》作木刻插图十余幅。

1965 年,在河北邢台某生产队参加农村社会主义教育运动(简称"四清"),无聊烦闷之余,悄悄写下"动物短句"八十余条。次年 3 月,邢台发生大地震,"四清"停止,回到北京。

1966 年 5 月,"无产阶级文化大革命"爆发,因"动物短句"、教学方式和生活习惯等受到批判、打斗,关入"牛棚",原住房亦被挤占。

木刻《劳军图》油画《鱼》等,被送入"牛鬼蛇神画展"展出。个人创作活动被迫停止长达八年。

1969 年冬,与中央美术学院一些教工被下放到河北磁县军垦农场劳动三年，改造思想，悄悄写下了长诗《老婆呀，不要哭》《喂鸡谣》。

1972年，由河北磁县军垦农场返京。

1973年，参与为新装修的北京饭店作室内美术总体规划设计工作。与袁远甫、祝大年、吴冠中等为创作《长江万里图》供北京饭店张挂，四人从上海溯江而上，经苏州、南京、黄山、三峡等地，直到重庆成都，一路观光写生，积累素材。

1974年2月，中央"文革"文化组在北京美术馆举办"黑画展览"，展出十八位画家二百一十五幅"黑画"，并在《人民日报》等报刊上开展批判。永玉因在朋友私人册页上画了一只开一只眼、闭一只眼的猫头鹰，受人检举，指认为"恶毒攻击"，列为"黑画"之首。后得贵人搭救，不了了之。在等待审查结论期间，曾返回凤凰，写有短诗《平江怀人》《一个人在院中散步》。

1975年，开始多取荷花入画。

1976年1月，周恩来去世，刻《总理爱人民，人民爱总理》《敬爱的周总理》。

1976年4月，"天安门事件"期间，作《天安门即事》短诗五首。

1976年9月，毛泽东去世；10月，"四人帮"被捕。曾作《阳秋三绝》一画并加长跋记趣。

1977年，被选派为毛主席纪念堂作巨幅山水《祖国大地》，织成壁毯，张挂于毛主席坐像后。

1978 年，英国《泰晤士报》用六个版面介绍黄永玉其人其画。

1979 年，作国画《天问》。同时，写了一批清算"四人帮"的诗，如《曾经有过那种时候》《幸好我们先动手》《犹大新貌》等。

又，写有论文《艺术的空间功能》在《文艺研究》上发表。

同年，当选为全国文联第四届委员，中国美协第三届常务理事。

3 月，在北京中国美术馆举办个人水墨画展。

12 月，在广州举办个人水墨画展。本年 12 月，写作长篇散文《太阳下的风景——沈从文与我》。

1980 年，设计新中国第一张生肖邮票——猴票。

5 月中旬游张家界，写生、摄影。

同年，《黄永玉画集》由香港美术家出版社出版，集古斋发行。收 1973 年至 1978 年间画作。沈从文题写集名，黄蒙田《一个画家的新起点》代序。

1981 年，诗集《曾经有过那种时候》由江苏人民出版社出版。次年，该诗集获"第一届全国优秀新诗（诗集）"一等奖。

在香港美丽华酒店举办个人画展。

同年，与华君武访美。在美国大都会博物馆举办个人画展，其中《彩荷》一幅，为该馆收藏。

又，12 月，在澳大利亚墨尔本东方博物馆举办个人画展。

1982 年，在北京中国美术馆举办个人画展。

2月，湖南美术出版社出版《画家黄永玉湘西写生》。

4月，中央新闻纪录制片厂赴凤凰拍摄《画乡》。

同年5月，陪同沈从文夫妇到家乡凤凰，并到吉首大学发表讲话。

同年11月，与英国BBC电视台在凤凰拍摄《龙的心——中国文化名人》。

1983年夏，在香港大会堂举办个人画展。

秋，在德意志联邦共和国奥伯豪森举办个人画展，并巡回至波恩、斯图加特展出。

同年12月，《永玉三记》（含《罐斋杂记》《力求严肃认真思考的札记》《芥末居杂记》）由生活、读书、新知三联书店香港分店首次发行。该分店还为《永玉三记》所配水墨漫画举办过一次展览。两年后，北京三联书店发行第一版。

木刻《我的童年，那四月暖和的风》于本年问世。六年后，才又有木刻《玫瑰花》一幅。

1985年3月在故乡凤凰写成长篇散文《蜜泪》（在另一书中，标题为《仿佛是别人的故事》）。

5月，当选为中国美术家协会副主席。

10月，以无党派民主人士身份，被特邀列席中国共产党第十三届代表大会。

1986年6月，在意大利罗马举办个人画展。获意大利总统颁发的"最高司令勋章"一枚("三级",属最高级)。

同年8月,诗集《我的心,只有我的心》由四川文艺出版社出版。

1987年,随王震访日本,作《凤凰涅槃》一画赠广岛市。

在香港置一寓所,名为"山之半居"。

同年,在家乡为湘泉酒厂设计"酒鬼"酒瓶。

1988年3月,当选为第七届全国政协委员。

应台湾黎明文化活动中心之邀,与大陆画家李可染、林风眠、傅抱石、吴作人、关山月、李苦禅、黄胄等人作品一道参展。

8月,于香港写《这些忧郁的碎屑》,怀念于本年5月10日在北京逝世的表叔沈从文。

8月,《黄永玉》(画册)由湖南美术出版社、外文出版社联合出版。

11月,诗集《花衣吹笛人》由湖南文艺出版社出版。

1989年3月,杂文集《吴世茫论坛》由香港明报社出版发行。

4月,在凤凰,旋即离故乡去香港。六年后,才再次返回内地。

1990年3月,在台北翰墨轩举办"《水浒》人物画展"。

9月,与张梅溪赴意大利看望女儿黑妮,作水墨风景写生一批。

同年10月,墨笔线描画《永不回来的风景》由湖南美术出版社出版。附文中,作者有《堤溪雪霁》一篇。

1991 年，获中国美术家协会、中国版画家协会颁发"新兴版画杰出贡献奖"。

同年春，由香港去到法国、意大利，从容地生活了大半年，写有散文集《沿着塞纳河到翡冷翠》，作了一批水墨、油画风景写生。另，做了《人子》《六月的手》《我听说有一种叫作自由的东西》等一批雕塑。

1992 年，在香港大会堂举办个人画展。

1993 年，在香港"山之半居"画室作工笔重彩巨画《山鬼》。高两米，长五米。

5 月《黄永玉》(画册·限量印行本) 在香港由古椿书屋出版，出版人黄黑蛮。

又，以黄黑蛮为出版人，由古椿书屋出版的永玉文学作品有《这些忧郁的碎屑》《老婆呀！不要哭》《往日，故乡的情话》《汗珠里的沙漠》《斗室的散步》等。

同年秋，在德国巴伐利亚州旅游，作《德国游记》等大批写生画。住休德家。并于德国银行举办了"写生展"。

另，在香港几年中，还写有《大胖子张老闷儿列传》和一些七七八八的杂文，在报刊上发表，未结集出版。

1994 年 2 月，在意大利佛罗伦萨距达·芬奇故居不远处，购置中世纪建筑一所，为之命名"无数山楼"。在此动手写自传体长篇小说《无愁河的浪荡汉子》，才写到自己四岁，二十余万字。

1994 年 7 月，在香港大会堂举办"黄永玉七十美展"。

1995 年春，去国六年，重回故乡，作《湘西写生》长卷，约四十米长。

同年，在凤凰回龙阁建"夺翠楼"。

《水浒人物》由香港明报出版社出版。

1996 年，中央电视台拍摄《东方之子——黄永玉》。

同年 12 月，在香港大会堂举办个人画展。

1997 年，香港电视台拍摄"杰出华人"专访。同期专访的有贝聿铭、金庸。

1997 年在北京通州徐辛庄建万荷堂。黄永玉作品系列:《永玉六记》《吴世茫论坛》《太阳下的风景》《老婆呀！不要哭》《这些忧郁的碎屑》《沿着塞纳河到翡冷翠》由北京生活、读书、新知三联书店陆续出版发行。

1998 年，《黄永玉散文》由广东花城出版社出版。

同年 8 月，《黄永玉画集》(共四册)，由黑龙江美术出版社出版发行。其中《风景》《花鸟》《人物》三册当年出版。《版画》次年 3 月出版。

9 月，在中国美术家协会第五次全国代表大会上，与王琦、华君武、吴冠中、罗工柳等十人被聘为顾问。

本年，曾应邀在郑州越秀书院作《关于我的行当——艺术与文学的关系》讲演。

本年底，在香港大学冯平山图书馆举办"流光五十年"个人画展。

1999 年 5 月，《中国近现代名家画集·黄永玉》由人民美术出版社出版。

又，5 月在北京中国美术馆举办大规模个人画展，展品近六百件。

11 月，应邀在长沙岳麓书院讲学，题为:《文化漫步》。

2000 年 1 月，"黄永玉·跨世纪艺术展"在广东美术馆举办。展品三百余件。

5 月，《荣宝斋画谱·黄永玉花卉》出版。

2001 年，为著名学者陈寅恪由广州归葬江西庐山一事奔走成功。

又，在意大利"无数山楼"住了一段时间。

2002 年 8 月《黄永玉大画水浒》由作家出版社出版发行。10 月应邀在中国现代文学馆作《我画水浒》讲演。

2003 年，在故乡凤凰城外喜雀坡所建"玉氏山房"落成。

同年 7 月，散文集《比我老的老头》由作家出版社出版，半年内，再版五次。2005 年 8 月该出版社出了"增订珍藏版"，作者写了《为什么老头儿号啕大哭？》代序。

又，7 月，与力群、曾竹韶、廖冰兄、艾中信、王琦、吴冠中等，获"第二届中国美术金彩奖"。(终生成就奖。)

12月,中国美术家协会第六次代表大会上,与王琦、王朝闻、吴冠中、罗工柳、詹建俊等十五人被聘为顾问。

2004年1月,"黄永玉八十艺术特展——黄永玉的翡冷翠"在深圳美术馆举办。

3月,大型画册《黄永玉八十》由文化艺术出版社出版。

4月,"黄永玉八十艺展"在北京中国美术馆举办。

8月,"黄永玉八十艺展"在湖南省博物馆举办。

10月,"黄永玉八十艺展"在广东美术馆举办。

同年12月至2005年3月,"黄永玉八十艺展"由香港艺术馆筹划,香港康乐及文化事务署与黄永玉艺术设计工作室联合主办,为期三个月,观众达百余万。

2005年11月,第二次荣获意大利总统颁发的"最高司令勋章"。

2005年12月25日于吉首大学图书馆

后　记

　　小城凤凰，出军人，也出文人。年轻人凭着家乡赋予的一份聪明，一份不怕场合、敢于拼斗的精神，背井离乡，走南闯北。在不曾被打死和累死的人中，少数机遇好的，还取得了耀人眼目的成功。虽然，认真了解一下这些人的种种坎坷，实在挣扎得太苦了，不过，总算熬了过来，自己的传奇，为小城争了光、为后辈增添了十足的自信与自豪。对他们，家乡人总怀有一种敬重和感谢之情，我也不例外。

　　家乡这类文武传奇人物，值得称道者已属不少，永玉算得上其中一个。

　　近二十余年，与永玉接触机会略多，相处时总很快乐，以至产生了试写他这个人的兴趣。我既想探索他成功的"必然根由"，又想记下他成为"人物"时的"那点生活""那点琐碎"。左一篇，右一篇，居然成了一本。

　　不少朋友议及永玉，对他艺术上的五花八门充满惊异，爱誉之为"鬼才""天才"，我在一旁听了也感舒服，不过，总觉得"玄"了点，自己来试着解读，限于学养，无甚高论，好在得高人指点，为此书取了个朴实的名字——《文星街大哥》。★

　　　　　　　　　　2005 年 12 月 28 日午于吉首大学图书馆

★编者按：现更名为《活得有趣，才不会老去：黄永玉传》。